天下文化

BELIEVE IN READING

施昇輝——著

零基礎的佛系理財術

只要一招，安心穩穩賺

contents

目錄

【作者序】

不要再被
理財專家綁架了

絕大多數的人都認為投資理財非常艱深、非常難懂，因為市面上有這麼多書、有這麼多財經媒體、有這麼多投資課程，還有那麼多專業術語要懂。有人因此非常認真，努力學習，也有人因此完全放棄，乾脆不理不睬。

認真學習的人，就一定會賺錢嗎？不必然，所以他們就認為是自己笨，沒有學到透澈，只好繼續廢寢忘食的鑽研。結果呢？還是賠錢居多。

完全放棄的人，絕對不會賠錢，但一來被通貨膨脹率不斷侵蝕自己辛苦存下來的錢，二來只看重當下的享受，認為生活上有小確幸就心滿意足。長此下去，不一定就比認真學習的人更好，因為他們註定會成為「下流老人」。有準備的長壽是福氣，但沒準備的長壽就成了詛咒。

我寫這本書的目的，就是希望讀者不要認真學習，也不要完全放棄，這豈不就是時下很夯的生活態度「佛系」嗎？

沒錯！面對投資理財，「佛系」才是正確的態度。以大叔的理解，佛系是無所作為，但仍然相信人生有希望。用在投資理財上，就是要放棄判斷，但不要放棄賺錢。

理財專家有兩個拿手絕活：第一個是把簡單的事情複雜化，讓大家很難理解，才能彰顯他們的學問。第二個是說一些百分之百正確的話，但可行性卻趨近於零。千萬不要再被他們綁架了！

投資理財說穿了，就是「買低賣高」四個字，關鍵也只有兩個：「買什麼？」和「什麼時候買？」其實就是這麼簡單，難的是做出正確的判斷。如果有一個可以用實績驗證勝率很高、因此值得信賴的紀律，不就簡單多了？

做判斷當然要具備很扎實的學理基礎，但也不保證會正確，不是嗎？遵守紀律只要執行就好，有需要任何基礎嗎？紀律不可能百分之百正確，但可行性卻很高，而且如果勝率超過八、九成，那就 just do it 吧！

閱讀這本書，只要看得懂中文，認得出數字，完全不需要任何基礎，都能輕鬆理解。千萬不要自卑什麼都不懂，就讓我們用佛系的心態，來面對投資理財吧！

【開學典禮】

投資和理財
不能混為一談

投資和理財並不難，但正因為大家以為是同一件事情，才覺得難。投資的目的是賺錢，但並非所有理財方式都要賺錢。安心理財第一步，就是讓投資歸投資，理財歸理財。

大家好，我是人稱「最樂活的理財專家」施昇輝，很高興能在這裡為大家講述有關於投資理財的系列課程，叫做「零基礎的佛系理財術」。

這個系列總共有 24 堂課，我會用最簡單的方式讓大家了解，投資理財其實一點也不困難。而且請大家放心，所有的內容幾乎都沒有複雜難懂的專業術語，就算你不是商學相關科系畢業、就算你只知道把錢存在銀行裡，我保證一定都能看得懂。

只有觀念改變，投資理財才可能變簡單

這堂課算是開學典禮，我必須先給大家一個心理準備。我有百分之百的信心，可以讓你用一種安心不焦慮的方法，透過投資賺到一點錢，在薪水之外，能夠增加一些收入，提升你的生活品質。不過，千萬不要期待我的方法能讓你很快就賺到很多錢，然後去買豪宅和超跑。因為高報酬一定伴隨著高風險，這樣做絕對不可能讓你的生活安心不焦慮。

這 24 堂課的內容，一開始會有幾堂先從觀念講起，這些觀念徹底顛覆了既有的理財觀念，大家看了可能會嚇一跳。但是只有觀念改變了，才可能讓投資理財變得簡單，而且輕鬆賺到錢。

接下來，我會個別介紹所有的金融工具，包括存錢、保險、股票、基金、債券、外匯、黃金、期貨、房地產等等。覺得種類太多嗎？請放心，我不是要大家每一項都去投資，而是聽完之後刪掉其中幾項，只要選擇兩、三項最適合自己的金融工具來操作，就可以了。

當然，我會直接建議是哪幾項，不會介紹完了之後讓你自己決定，不然你一定會不知所措。

最後，我會把重點放在進入門檻相對較低的股票，花比較多堂仔細講解。我想，聽到「股票」就害怕，這是人之常情；但我保證看完這幾篇之後，你就會知道，股票其實一點都不可怕。

投資只是理財的一項

首先，第一個會顛覆你觀念的就是「投資和理財不能混為一談」。什麼？投資和理財不是同一件事情嗎？正因為大家認為是同一件事情，所以才會覺得那麼難。

我有兩次到高中給學生講投資理財，整整兩小時，其實只是在講投資和理財是不一樣的。簡單來說，理財的範圍比較大，投資只是其中的一項；投資的目的就是賺錢。但難道所有的理財方式都是要賺錢嗎？如果大家以為每一件事情都是為了賺錢的話，那就大錯特錯了。這樣會浪費你很多時間和精力，甚至用了最沒效率的方式賺錢，然後感到非常挫折和焦慮。

最明顯的例子就是，你怎麼可以把存錢當做是投資呢？存錢註定是賠錢的。因為現在銀行的定期存款利率大概只有 1% 左右，但每年的通貨膨脹率一定超過 2% 到 3%。雖然你的錢有增加，但實質購買力是降低的。

舉例來說，現在一個排骨便當要 100 元，你把這 100 元拿去銀行存定存，一年後領出來是 101 元，但我相信這時候排骨便當應該已經漲到 105 元、甚至 110 元了。你的錢是增加了 1 元沒有錯，但你已經買不到一個排骨便當了。這就是所謂的「實質購買力降低」。

雖然存錢不會幫你賺錢，但是為了安全起見，你還是必須存在銀行裡，所以這只能說是理財，不能說是投資。因此，聽完這篇開學典禮的內容後，請你一定要先做這件事：如果你有定存，到期時請把它解掉。讓錢做最有效的運用，也就是把錢拿去投資，因為這樣才能真正賺到錢。

保險不該以賺錢為目的

再來，很多人也把保險當做賺錢的投資工具。但是，你保醫療險是希望自己生病，還是希望自己健健康康呢？你會因為繳了保費，如果沒有生病、得不到理賠，就覺得很可惜嗎？應該不會吧？所以保險怎麼可能是拿來賺錢的呢？

還有，大家出國都會買旅行平安險，花一點點保費，萬一飛機失事，家人可以得到很高額的理賠。但你希望得到理賠嗎？我想應該不會有人希望，保這種險也不是以賺錢為目的。

聽到這裡你可能會反駁：還有儲蓄險、投資型保單、年金險等等以投資賺錢為訴求的保單啊！沒錯，但這些保單能提供給你的報酬率，其實只比定存利率高一點點而已，甚至有些保單還不保證賺錢喔！我只能說，把保險當投資，報酬率是非常差的。保險一定要保，但希望大家回到保險的本質，也就是追求保障，而不是追求賺錢。

那房地產總該是拿來投資賺錢的吧？我偏要說：「不一定喔！」要靠房地產賺錢，重點就是要地點好；但是地點好就是會很貴、買不起。絕大多數的人一輩子頂多買得起一間房子，大家為了要自己住，也就不可能拿去賣，所以又何必一直去想「增值」這件事？

很多人以為買房子是為了賺錢，最後反而買不起。如果只是拿來自住，那就只要考慮是不是買得起就好了。為什麼我說房地產「不一定」是投資，而不是說房地產「不是」投資呢？道理很簡單，因為第一間房子是拿來自己住，不該當做是投資，但第二間以上的房子就該拿來做投資。

買股票但不選股

股票呢？當然百分之百就是投資了。買股票的目的是什麼？當然是為了賺錢。

我孩子小的時候，還以為我買股票的目的是為了領紀念品。這當然是童言童語、笑話，但你一定會問：股票價格每天都不同，甚至盤中分分秒秒都不同，上上下下讓人好緊張，而且有一千六百多檔股票，究竟該買哪一支才好？然後，什麼時候該買？什麼價錢可以買？什麼時候該賣？該用多少錢賣？這麼多疑問，真是太難了，怎麼可能安心不焦慮？

我先跟大家說結論。其實，只要你不選股，就會變得非常簡單。「不選股」是不是完全顛覆了大家的想法呢？先賣個關子，我會在後面許多堂課仔仔細細說明白。

和股票類似的基金和期貨呢？這些當然都是投資，差別只在於你是要自己買股票，還是把錢交給別人買股票（也就是買基金）？你想要用少少的保證金以小搏大，賭指數是漲還是跌（也就是去玩期貨），或是其他的衍生性商品？

買基金太保守、不相信自己有投資股票的能力；玩期貨又太高估自己判斷股市短期行情的能力。該不該買基金？該不該玩期貨？我分別都有幾堂課分析它們的優缺點。

債券、外匯、黃金呢？大家可以先考考自己：這些是理財？還是投資？請一定要記住以下這句話：「不要把什麼都當做投資。」有些事情明明和投資理財扯不上關係，但大家都想錢想瘋了，總以為到處都可能有賺錢的機會，這樣當然就會很焦慮。

讓投資歸投資，興趣歸興趣

最後跟大家分享一個好朋友的真實故事。他是一位醫生，是無敵鐵金剛的超級粉絲，家裡收藏的大大小小公仔可能超過一萬件。有一天，一家財經電視台去訪問他，問他哪一件公仔增值最多？結果他有點生氣，因為他蒐集是為了興趣，根本不是為了賺錢，就算增值也不會賣。

但他最後還是靠這些公仔賺了大錢。因為太太看家裡公仔堆得滿坑滿谷，非常生氣，叫他另外買一間房子放這些公仔。後來房地產大漲，他靠這間放無敵鐵金剛的房子賺了大錢。

這個故事告訴我們，就讓投資歸投資、保值歸保值、保管歸保管，然後讓興趣歸興趣吧！

投資和理財不能混為一談，這就是我要顛覆大家的第一個觀念。下一堂課我更叛逆，因為我認為投資千萬不要用腦筋。你沒看錯，投資真的不該用腦筋。投資不用腦筋，怎麼可能賺到錢呢？不相信，就請你繼續看下去。

第一篇

顛覆你的理財觀念

Lesson 1

千萬不要用腦袋

這堂課的主題是「千萬不要用腦袋」，因為我希望大家無腦理財，人生才能無惱。「無腦理財」的「腦」，是「腦袋」的「腦」，「人生無惱」的「惱」是沒有「煩惱」的「惱」。這是什麼意思呢？

我每次受邀演講，一開始總喜歡問大家幾個問題：在上班的朋友，你們的工作煩不煩啊？在念書的朋友，你們的課業煩不煩啊？在談戀愛的朋友，感情的事也常常很煩吧？結了婚的朋友，家庭大大小小的事，夫妻相處、教養子女、照顧父母，是不是也很煩？

甚至大家對自己的健康也很焦慮，如果還要再加上投資的煩惱，哇！人生就真的很辛苦了。

在這麼多煩惱裡頭，幾乎沒有任何一種方法可以適用每個人，因為每個人的狀況都不一樣，也就是所謂「家家有本難唸的經」，也沒有所謂的標準答案；唯獨投資理財可以找到一種方法，適用於所有人。因為所有投資的問題都一樣，也就是該在價格低的時候買進，然後在價格高的時候賣出。

但是，什麼價格算低？什麼時候該買？什麼價格算高？什麼時候又該賣？這不是該花很多腦力去判斷嗎？怎麼可以說千萬不要用腦袋呢？

投資最重要的事不是判斷，而是紀律

首先我要告訴大家：投資最重要的事不是「判斷」，而是「紀律」。判斷正確，太難了；遵守紀律，就相對簡單。判斷當然要用腦袋，但只要你確定紀律是對的，照著紀律執行，就不需要用腦袋了，不是嗎？

要做到正確的判斷，一定要努力學習，而且比別人更加倍努力。小時候寫作文，大家一定會引用「一分耕耘，一分收穫」這句話。無論在求學或工作上，這句話都百分之百正確，唯獨在投資上卻不能畫上等號。

各位讀者可能都在投資上做了很多的學習，也做了非常多的努力，但有得到對等的回報嗎？有的人甚至還賠了錢，不是嗎？

很多人以為，投資失敗是因為自己還不夠努力，所以要繼續加倍學習。但我除了希望大家認清事實，還要澆大家一盆冷水。既然在投資上一分耕耘不一定等於一分收穫，那就別浪費時間學習了。因為這個世界上真的有一個非常簡單的方法，讓你投資不再煩惱。投資沒有煩惱，你就有更多的時間和精力去解決其他的煩惱，讓煩惱愈來愈少。

有家財經媒體的廣告是這麼說的：「投資最重要的事，就是要做出正確的投資決定。」這句話沒有任何可以挑剔的地方，但是英國脫歐、川普當選美國總統，甚至蔡英文上台，幾乎所有的投資專家都當成利空在解讀，尤其是前兩項國際大事，甚至讓人擔心再來一次金融海嘯。結果呢？股市不跌反漲，而且創造了有史以來最長的股市大多頭走勢。投資專家再三提出警訊，很多人就退場觀望，沒賺到錢，但若聽信專家的話，做了自以為正確的決定而放空，那就要賠大錢了。

你不能怪投資專家，他只是提醒你要小心，而不是建議你放空。做「正確」的投資決定太難了，連專家都不敢保證自己的判斷一定正確，更遑論一般的投資人了。

真實人生的機率永遠是0或100，沒有中間數字

投資專家最擅長的是為大家解釋「事情為什麼會發生」，但是大家都期待他們可以「預測什麼事會發生」。

所有投資專家的解釋大概都差不多，但預測常常天差地遠，有的人看好未來，有的人卻看壞未來，你該相信誰？這些投資專家的言論當然是來自他的經驗判斷，但究竟誰說得對，還是要由你自己來判斷。

投資專家最取巧的做法，就是用百分比來預測。即使行情

即將大反彈，他們也只敢說有「99% 的機會」，到時候就算沒有如預期的反彈，因為「還有 1% 的機會可能下跌」啊！

只不過，真實人生的機率永遠是 0 或 100，不會有中間的數字。這跟醫生動手術之前和病人說的話一樣：「你放心，手術成功的機率是 95%。」但是對病人來說，手術成功的機率不是 0 就是 100，95% 只是醫生的機率，不是病人的機率。既然判斷到最後都是機率的問題，當然很難保證一定正確。

以上說的是對未來趨勢的判斷，在股票投資上「如何選股」，則是另一種判斷。

「指數不會天天漲，好股、飆股卻天天都有」，投資專家這句話再正確不過了，但是要一般投資人自己深入研究做功課，然後挑出每天都會漲的好股、飆股，實在太難了。因此你買股票賠錢，只好認定是自己選錯了股，絕對不能怪投資專家講的這句話。

還有一句類似的話「指數將區間整理，一切以個股表現為主」。台股一年很難碰到幾次大漲大跌的機會，所以這句話又是百分之百正確；但問題還是一樣：該選什麼股票呢？一旦選錯股票、賠了錢，依舊是投資人自己的問題，不是投資專家的問題。

投資專家是永遠不會說錯話的，因為他一定會說「現在還不宜進場，還要再觀察」，只要你不進場，就不會賠錢，當然就不會怪他給了你錯誤的建議。我認為，投資專家總是說一些百分之百正確的話，但這句話的可行性經常趨近於零。因此，最後還是要回歸自己的判斷。

大盤的漲跌，永遠在事件發生前

我曾在「開學典禮」提到：「只要不選股，就會變得非常簡單。」只要不買個股，你就不用在 1600 檔股票裡挑選，可以省下很多的時間和精力，也可以不再擔心買早了、買貴了，或是賣晚了、賣得太便宜了。然後，你只要專心判斷大盤會漲還是會跌，不就好了嗎？大盤漲多了，一定會跌，跌多了，一定會漲，但是很多個股漲多了還繼續漲，跌多了還繼續跌，當然會讓你每天心情都七上八下的。

但是，大盤的低點怎麼判斷？高點又怎麼判斷？每次低點的出現，一定是因為市場上到處都是利空的消息，因此很多人就判斷還會繼續跌，結果錯過了進場的時機。同樣的道理，高點來臨時，也一定是大家對未來看得非常樂觀，很多人就判斷還會繼續漲，結果也可能錯過最好的落袋為安的時間點。

大盤的漲跌，其實永遠都是在事件發生之前，絕對不會在事情確定發生了，才開始漲或跌。此外，大盤幾乎不可能被人為操控，所以很多技術分析的指標具有很高的參考性。因此，這時候我們不該判斷，而是應該根據技術指標的高低，來執行買進或賣出的紀律。

我在這堂課一開始就告訴大家一個重點，就是「投資最重要的事，不是判斷，而是紀律」。接下來的問題是，既然不選股，但又建議在大盤低檔時買進，那究竟要買什麼呢？

現在台股有一檔標的，我不能稱它為股票，因為它其實是基金，但它的買賣方法卻又和股票一模一樣，叫做「元大台灣50」，股票代號是「0050」，是一檔由台灣市值前 50 名的公司所組成的基金。

什麼叫市值？就是股票價格乘以它的股數。如果看不懂也沒關係，你就把它們看做是台灣最大的 50 家公司就可以了。例如，大家耳熟能詳的台積電、鴻海、台塑、國泰金等等，都在裡面。然後，透過持股比例的設計，讓 0050 的漲跌幾乎和大盤一模一樣，大盤漲 2%，它也漲 2%，絕對不會漲 3%；同樣的道理，大盤跌 1%，它也只跌 1% 左右，絕對不會跌 2%。這時或許有些個股會跌停板，但它也絕對不會跌停板，不就相對安心很多嗎？因為你並沒有賠得比大盤還多。

0050 因為和大盤幾乎完全連動，所以不像個股充滿想像空間，真的可以依照技術指標所透露的訊息，按照紀律來執行，是一種完全不必用腦袋的超簡單投資法。至於那個「紀律」是什麼呢？別急，後面幾堂課就會教到，這裡只是先做初步的介紹。

施老師畫重點

第一、無腦理財，不要用腦袋，人生才會無惱，才會沒有煩惱。

第二、投資最重要的事，不是判斷，而是紀律。

Lesson 2

千萬不要相信
長期的複利效果

看到這堂課的名稱，所有的財經系教授一定都會說我大錯特錯。

「複利效果」是投資學最重要的觀念之一，所有念商科的朋友一定都懂，而且也相信它是完全正確的。

我不是對複利效果有任何懷疑，也相信這些數學的計算絕對不會錯，只是對「長期的複利效果」裡的「長期」這兩個字有所保留而已。

我先解釋一下什麼是「複利效果」。例如，你今天拿出 100 萬元來投資，假設一年的報酬率是 10%，一年後你可以賺到 100 萬元的 10%，也就是 10 萬元，加上原來的 100 萬元，你的財產就變成 110 萬元了。

這時候，你有兩種選擇。

第一種選擇，是把賺的 10 萬元領出來，存到別的地方去，繼續用原來的 100 萬元投資。假設第二年報酬率還是 10%，你又賺了 10 萬元。兩年加起來，你總共賺了 20 萬元，連同原來的 100 萬元，你的財產變成 120 萬元。這種獲利方式，我們稱為「單利」。

第二種選擇是不把賺的 10 萬元領出來，而是再加上去，也就是變成拿 110 萬元投資。假設第二年的報酬率還是 10%，一年後可以賺到 110 萬元的 10%，也就是 11 萬元。把第一年

表一　單利與複利 20 年差異比較

單位：萬元

	單利			複利		
年度	每年投入本金	每年獲利	每年年終合計	每年投入本金	每年獲利	每年年終合計
1	100	10	110	100.0	10.0	110.0
2	100	10	120	110.0	11.0	121.0
3	100	10	130	121.0	12.1	133.1
4	100	10	140	133.1	13.3	146.4
5	100	10	150	146.4	14.6	161.1
6	100	10	160	161.1	16.1	177.2
7	100	10	170	177.2	17.7	194.9
8	100	10	180	194.9	19.5	214.4
9	100	10	190	214.4	21.4	235.8
10	100	10	200	235.8	23.6	259.4
11	100	10	210	259.4	25.9	285.3
12	100	10	220	285.3	28.5	313.8
13	100	10	230	313.8	31.4	345.2
14	100	10	240	345.2	34.5	379.7
15	100	10	250	379.7	38.0	417.7
16	100	10	260	417.7	41.8	459.5
17	100	10	270	459.5	45.9	505.4
18	100	10	280	505.4	50.5	556.0
19	100	10	290	556.0	55.6	611.6
20	100	10	**300**	611.6	61.2	**672.7**
合計		**200**			**572.7**	

賺的 10 萬元，加上第二年賺的 11 萬元，兩年加起來，你總共賺了 21 萬元，連同原來的 100 萬元，你的財產就變成 121 萬元了。這種獲利方式，我們稱為「複利」。

你有沒有發現，複利的結果是 21 萬元，比單利的結果 20 萬元多了 1 萬元？

當然，還有第三種選擇，就是把第一年賺的 10 萬元，拿出一部分，例如拿出其中的 5 萬元存到別的地方去，再把另外的 5 萬元加上原來的 100 萬元，也就是第二年用 105 萬元去投資。不過，為了解釋方便，我接下去還是只用第一種和第二種來做計算。依這樣計算，20 年後，單利和複利計算的結果請見第 31 頁表一。

數學的計算VS.真實的人生

假設每年的報酬率一樣還是 10%，單利的結果很簡單，就是每年都賺 10 萬元，20 年總共賺了 200 萬元，加上原來的 100 萬元，你的財產會變成 300 萬元。

那麼複利呢？ 20 年後，總共賺了 572.7 萬元，加上原來的 100 萬元，你的財產會變成 672.7 萬元。複利的結果比單利的結果，足足多了 372.7 萬元，等於整整多了一倍。

如果不是只算 20 年而是 40 年，假設每年的報酬率還是 10%，單利的結果，財產變成 500 萬元，複利的結果你知道是多少錢嗎？說出來嚇死人，高達 4526 萬元。

別懷疑，你沒看錯，就是 4526 萬元。單利和複利的差距高達 9 倍之多，所以有人說，複利效果比原子彈的威力還大。

看到這個結果，大家當然都會選擇複利。但我要說：「不一定喔！」因為這些都是數學的計算，真實的人生哪有這麼好康？

複利計算牽涉的兩個變數

複利的計算，牽涉到兩個變數：一個是要假設每年的報酬率；一個是到底要做多少年。計算不是問題，用 excel 就能正確算出來，真正的問題是報酬率該設多少才合理。

如果有一種金融商品，保證可以一年給你 10% 的報酬率，你當然可以用 10% 計算複利效果。但是請注意，是要「保證」而不是「假設」，而且很多投資型保單都是用「預定」這兩個字，但「預定」絕對不是「保證」。

這裡還要強調一個觀念，如果世界上有這種保證 10% 報酬率的金融商品，千萬不要相信。這種報酬率只有老鼠會性質的投資公司才可能達成，它是用後面進來的資金支付先前有投資的人，一旦資金不再進來，所有的投資都會化為烏有，被公司的股東賺到口袋裡去了。

我認為，只有定存利率才能做為計算複利效果的基礎，因為 1% 的利率是銀行保證的。但下一個問題是，能保證多久呢？說不定過兩年剩下 0.9%，過五年剩下 0.8%，甚至十年後變成 0 呢！現在在日本，把錢存在銀行不只沒利息，還要收保管費，亦即利率是負的！

除此之外，你有沒有想過，其中有一年不只沒賺，還賠了呢？甚至不只一年賠，是連續兩、三年都賠，複利效果就很難看，說不定還輸給單利。

以前面的例子來說，假設前兩年真的都有 10% 的報酬率，到了第三年開始，你就是用 121 萬元來投資，如果繼續賺 10%，第三年你的財產會變成 133.1 萬元，第四年變成 146.4 萬元。但如果第三年不幸賠了 10%，財產會縮水到 108.9 萬元。

如果還是想達成第四年財產變成 146.4 萬元的目標，那麼第四年的投資報酬率就不是只賺 10%，而是要賺 34% 才夠！這個目標也太難達成了吧？

如果你被這些數字搞得「霧煞煞」也沒關係，我只是要告訴你，只要有一年是賠的，你就要加倍努力，甚至不只加倍、要加好幾倍才能補回來；而如果連續兩年都虧損的話，大概就補不回來了。這時候你會想，還不如用單利算了。

接下來談第二個變數：複利效果該做幾年？

台股從 1990 年衝上 12,682 點的歷史高點之後，一直到 1996 年才恢復元氣。沒想到 2000 年又碰到網路泡沫，再度大跌。好不容易慢慢漲回來，先是碰到 2003 年 SARS，然後又是 2004 年總統大選槍擊事件，股市再度重挫。好不容易狂漲到 2008 年，又碰到金融海嘯，投資人哀鴻遍野。

這 18 年之間總共碰到四次股災，平均五年就來一次，所以複利效果怎麼能用 20 年來算？就算股市從 2009 年到 2018 年走了十年的大多頭行情，也不該認為這是常態。這就是我為什麼說「千萬不要相信長期的複利效果」，尤其不能相信「長期」這兩個字。

把投資賺來的錢花掉，才真正擁有它

針對複利效果的不確定性，我要提出另一個觀念，那就是「應該把投資賺來的錢花掉，只有花掉，你才能真正擁有它」。

我建議你把它花掉，例如去買你一直想買的東西、去一個嚮往已久的地方旅行，或是拿來進修工作的技能，甚至做為買房的基金，這些都是有意義的事。

但如果你相信複利效果，把賺的錢都再投入，萬一碰到像 2008 年那麼慘重的金融海嘯，賺來的錢可能統統賠光光，不就是紙上富貴一場，什麼都沒享受到了嗎？

我舉一個親身經歷跟大家分享。

在 1990 年股市大崩盤之前，股票投資真的是怎麼買怎麼賺。那時候如果一年的報酬率沒有 50%，根本就是不及格，若計算複利效果，每年報酬率一定至少會用 20% 計算。

那時我在證券公司服務，很多同事不僅把房子拿去抵押借錢，甚至用融資買股票，且把賺來的錢繼續投入，希望錢滾錢、賺更多；我卻不斷把賺來的錢抽出來，拿去買我人生的第一間房子。結果，大崩盤之後，這些同事的房子很多都成了法拍屋，我則從股市重挫中全身而退。我其實根本不知道之後會發生指數暴跌一萬點的事，我所做的，只是沒有把賺來的錢拿去繼續投資，而是去買了最能保值的房地產。

這間房子過了快 30 年之後，至少增值了兩倍以上。我從這件事得到的最大啟發，就是「不要相信複利效果」。

施老師畫重點

第一、複利效果是數學模型，不是真實人生。

第二、請把投資賺來的錢花掉，只有花掉，你才能真正擁有它。

Lesson 3

千萬不要
相信任何人

請問大家：別人有幫你賺錢的義務嗎？如果沒有，你為什麼要輕易相信別人呢？

每次演講的最後，我都會開放大家提問。好幾次有人問到：「我的基金套牢了，怎麼辦？」問這個問題的人總是說：「我和那個理專很熟啊！他說這個基金好，我就買了，最後就虧得很慘。」

這句話的重點是「我和那個理專很熟」，但問題是，就算你真的和理專是閨密、是哥兒們，他的話你也不應該照單全收，而是應該完全了解基金的詳細內容再買吧？

也有人常問我：「某某個股已經賠了一半，該怎麼辦？」這時我總會問他們：「你當初為什麼要買？」得到最多的答案是：「我的誰誰誰跟我說的。」

絕大多數的投資人買股票，都不是因為自己做了很多功課才去買，而是聽了一個自認為信得過的親戚朋友的推薦，就去買了。我相信這些親戚朋友的出發點一定是善意的，絕對不會故意要害你賠錢，但你做這個買進的決定，是依據你對他們的「信任」，而不是你對這檔基金或這檔個股的「了解」，所以我才要提醒大家：在投資理財的路上，千萬不要相信任何人。

這麼說來，我也是叫大家不要相信我嗎？沒錯，我希望大家不要相信我「這個人」，因為我跟大家非親非故；我希望的是，大家看完書之後，相信我的「看法」，而不是「我這個人」。

我認為只有「買保險」這件事，是可以因為相信某個人而去買。很多人買保險，其實常常都是因為人情壓力，我覺得這無可厚非。我在「開學典禮」就說過，保險本來就不該是拿來賺錢的。既然不是拿來賺錢，當然就不會賠錢，頂多只是保障沒有別家來得好而已。就算投資型保單沒有如壽險顧問號稱的一定保本，但至少絕大部分的保障都還在。

但是買基金和股票，就絕對不能相信任何人了。先說買股票這件事。

沒能力做功課，只好問明牌

買個股最重要的功課，就是要知道：這家公司是做什麼的？以往的經營績效如何？未來有沒有發展的潛力？但現在上市上櫃公司超過 1600 家，一個人的時間和精力有限，怎麼可能統統做深入的了解？而且，研究每一家公司是件非常專業的事，一般人根本沒有這個能力，到頭來就是到處打聽明牌。

我以前在證券公司服務的時候，每天都會聽到一大堆明牌。我們所謂的「明牌」，還不是前面說的那種親戚朋友推薦、到處求來的明牌，而是從上市上櫃公司老闆或財務長那裡聽來的。就算是同事報給我的明牌，他也是從跟他很熟的上市上櫃公司老闆或財務長那裡聽來的。

這種明牌，才是真正的內線吧？但事實上，就算自認跟老闆和財務長夠熟，也不保證能賺錢。因為股價雖然在一開始真的有漲，但他們很少告訴我們，什麼時候該賣這些股票。

其實，也不是他們故意不說。當這家公司業績獲利不如預期的時候，他們身為公司的一員，基於職業道德，怎麼可能告訴別人自己的公司表現不佳呢？

你有這種內線消息嗎？如果沒有，就別相信親朋好友報給你的任何明牌。如果沒有任何人會報給你明牌，大家就會從媒體去找。報紙、雜誌、電視、網路，都是很方便取得明牌的來源。不過，媒體的責任就是要報導經過查證屬實的資訊，所以這種明牌其實早就不是第一手消息了，即使可能是正確的、可以相信的，但多半都已經過時，也就是股價早就漲了一大段了，你還敢買嗎？

還有一種明牌是要花錢的，那就是參加投顧老師的會員，但即使花了錢，你就能完全相信他們嗎？或是肯定會拿到一定賺錢的明牌嗎？

大部分的投顧老師都會給你一堆明牌，你還是要從中挑選。結果呢？你挑的股票常常都不會漲，沒挑到的反而大漲；投顧老師就會拿這支大漲的股票大吹大擂，說自己多麼神準。少數不肖的投顧老師報的明牌還可能自己早就買進，讓你去追買，他正好可以賣給你這個冤大頭。

看到這裡你可能會想：買股票這麼困難，那不如買基金，把好不容易存下來的錢交給專家幫我投資吧！

這樣真的好嗎？我在前面提醒大家不要相信親朋好友，你為什麼卻這麼輕易就相信這些你完全不認識的基金經理人呢？這不是很矛盾嗎？

與人性有關的三個思考

把錢交給基金公司之前，我建議你先把自己想像成基金經理人：如果是你，面對以下三種狀況，你會怎麼做呢？

狀況一：你現在手上握有 10 億元資金，這些錢來自甲乙丙丁戊好多好多人。有人拿了他畢生的積蓄，例如 50 萬元，你會知道這是他的全部財產嗎？ 50 萬元對他是很大的數字，但對你手上掌管的 10 億元來說，真是少得不能再少了，你會特別在意或是珍惜嗎？

狀況二：如果你的操作績效很好，有別的基金公司高薪挖角，你會因為對不起甲乙丙丁戊這些買你基金的人而留下來嗎？我相信你不會留下來，一定會跳槽。

狀況三：如果有一個主力作手或是上市上櫃公司的高層，給了你一筆很大的錢，希望你配合炒作某一支個股，讓他們可以在股價高檔賣給你操作的基金，以便順利脫手，大賺鈔票。你抵擋得住誘惑嗎？

以上三種狀況都是基本的人性，而且在市場上屢見不鮮。如果連你都會這麼做，你為什麼相信這些基金經理人不會？

就算你買的基金，它的經理人非常珍惜投資人的託付，也不會跳槽，更不會受誘惑，但大家買基金的時候，是不是都有看到一段警告的話：「基金投資不表示絕無風險，經理公司以往的績效不保證最低投資收益。」

這段警告的話有兩個重點。第一，就算是專家，也不保證一定會賺錢；第二，今年的績效，不代表未來的績效，今年有賺，不代表未來一定也會賺。

我有個學弟曾是明星級的基金經理人，他在某一年砸下重金，押在某一個產業，而成為當年操作績效的冠軍。第二年他就被重金挖角去另一家基金公司，並成立了一檔新的基金。因為打著他的名號，他在短短一天就募到了 50 億元。他對之前押的那個產業情有獨鍾，卻不幸碰上了產業大衰退，基金績效慘不忍睹，他也從此離開業界。

你可以相信一個企業家長期的「經營」績效，但真的不能相信一個基金經理人長期的「操作」績效。

還有，就算他操作不好、賠了錢，你還是要付手續費和管理費，這就更讓人覺得委屈了。

別讓錢破壞了親情、友情

那麼，可以把錢交給父母、兄弟姊妹或是好朋友，請他們幫你投資股票嗎？雖然他們應該會珍惜你的託付、應該不會落跑、也不會被收買，但如果他們害你賠錢了，你真的能做到不計較、心裡沒有疙瘩嗎？為什麼要讓錢破壞你們的親情、友情呢？所以，我也不建議你這麼做。

現在，回到最根本的問題。因為選股太難，你根本不知道選的股票到底會不會漲。就算真的選對了，但現在買會不會太早？還是已經太晚了？所以很多人才會為了圖方便、省麻煩而去買基金，把錢交給別人操作。

但我的觀點是，如果你根本不用選股，也就是去買前面我提過的那檔 0050，還需要冒險相信那些跟你一點關係也沒有的基金經理人嗎？

即使你還是喜歡選股，但你買股票的目的如果只是想領每年的股息，根本不想賺價差，也就是去買幾十年來都能穩定配息、而且絕對不會下市變壁紙的股票，那麼，能夠同時符合這兩個條件的股票，大概只剩二、三十檔，你真的也不需要去相信那些跟你一點關係也沒有的基金經理人了。

施老師畫重點

第一、千萬不要因為相信這個人，就相信他推薦的股票。
第二、千萬不要把錢交給任何人去操作。

Lesson 4

千萬不該懂太多

網路上流傳一個笑話。有個年輕人在速食店邊吃炸雞、邊滑手機。一個流浪漢靠過來，希望年輕人能賞個雞塊給他吃。這時候，流浪漢發現年輕人正在看股市行情，這流浪漢就說了：「現在還不能進場，季線下彎，MACD 還沒從負值轉正。」年輕人嚇了一跳，問流浪漢：「你竟然也懂這些？」流浪漢說：「我就是因為懂這麼多，才會淪落到今天的下場。」

這雖然是個笑話，但也點出了懂得多並不保證就能賺錢，甚至因為懂得多，有時難免過度保守；有時又相反，會太有自信而過於積極。

或許你還不懂什麼叫「季線下彎」、什麼叫「MACD 還沒從負值轉正」吧？千萬別因此自卑，不懂這些沒關係，我也不會教這些。

在投資股票上賠錢，絕對不要自責，認為是因為自己笨所造成。因為大部分專家都故意把很多簡單的事情講得太複雜，害你以為自己笨、以為自己還不夠努力，所以還要繼續努力、認真的學。

或許大家不知道，其實各位都被理財專家綁架了。

大家在學校時一定都學過數學吧？想學會投資，只要會加減乘除就夠了，連分數的四則運算都用不到，還需要更難的三角函數、微積分嗎？根本不必。這麼說好了，會加減乘除就足以應付日常的生活，會三角函數、微積分，則有機會成為科學家；同樣的道理，只想靠投資「賺一些錢」的人，有必要學高深的技巧去「賺大錢」嗎？

如果你去學的都是「賺大錢」的高深技巧，當然會很挫折，覺得自己怎麼這麼笨？其實你根本不必學那些，只要學自己看得懂、聽得懂的方法就夠了。看不懂、聽不懂那些複雜的內容是很正常的事，所以你一點都不笨。唯一笨的地方，是誤以為非把這些都搞懂不可。

理論歸理論，實務歸實務

有一次，我接受某財經媒體邀請，舉辦一場收費演講。這個媒體之前邀請的老師，都是教個股的基本分析和技術分析，資料非常多，所以他們習慣把老師準備的投影片先 email 給學員，讓學員提早預習，這次當然也比照辦理。

結果，許多學員收到我的簡報檔之後，發現內容非常簡單，居然有人要求退費並取消報名，令主辦單位很錯愕。不過，畢竟還是有人要聽，所以我還是準時去演講。

演講結束之後，有個學員站起來謝謝我。他說：「這是我第一次從頭到尾都聽得懂的演講，我覺得這次花的錢好值得。

以前我也參加過好幾次他們主辦的演講，但都聽不太懂，覺得自己真是太笨了，所以愈參加愈挫折。」

我大學念的是工商管理，選修過一堂「投資學」的課。第一堂課就有同學舉手問教授：「老師，你一定靠投資賺了很多錢吧？」教授面帶微笑（其實看來有點像是苦笑）回答他：「如果賺到很多錢，我還需要在這裡教書嗎？」這個道理很簡單，就是「理論歸理論，實務歸實務」，或者說，一般人只要知道開關在哪裡、能開電燈就可以了，有必要懂怎麼生產電燈嗎？

既然我建議大家不該懂太多，那麼是不是所有跟投資理財有關的電視、報紙、雜誌、網路或書籍，都不必看了？當然不是都不要看，而是有些該看，有些就不必看了。

簡單來說，跟建立正確觀念，或是可以增加知識、可以更了解世界局勢、時代趨勢有關的，就該看；但跟投資技巧有關的，最好敬而遠之，看多了只會愈來愈挫折、愈來愈焦慮。以電視為例，該看新聞，但談話性節目就不一定要看了。我透露一個內幕給大家知道：談話性節目的來賓在鏡頭前所講的內容，其實都是製作單位給的資料和腳本，讓他們看起來好像什麼都懂、很厲害。

以雜誌、報紙為例，談總體經濟展望的內容可以看，但對於個別公司的介紹，最好還是持保留態度；因為真的有很多公司是願意花錢請記者來報導的。就算不是這種情形，雜誌、報紙通常也不會站在負面的角度去報導，因為搞不好公司認為報導不實，還有可能向報社、雜誌社提告呢！當然，如果你是買0050，就不用去看個別公司的報導了。

以書籍來說，講投資觀念的書該看，但那些講短期內可以賺很多錢的書，最好別看，因為看了只會讓你更沮喪。

我相信這些作者沒有騙人，但你千萬不要以為「他們能，我為什麼不能？」每個人的人格特質不一樣，承受風險的能力也不一樣，而且他賺大錢的時空背景也不可能重來，要複製他們的成功模式真的太難了。

投資理財，只要用「常識」就夠了

有關股神巴菲特的書非常多，但他都只是講觀念，從來沒有講過技巧。他曾說過一句話：「在錯誤的道路上，奔跑也沒用。」也就是說，只要選錯了股票，就算你很會做短線買賣，到頭來還是會賠錢。

很多人認為觀念沒有用，因為價值型投資要很多年後才會看到成效，懂如何賺價差的技巧才能立刻有回報，然後花很多時間和精力去鑽研。其實這些技巧在「事後」來看好像都對，但在「事前」或「當下」來看，還是很難證明它是正確的。

此外，你也不該把從媒體得到的所有財經資訊，都跟投資沾上邊。這些資訊或許可以「解釋」股市為什麼會漲、為什麼會跌，但它們很難「預測」股市會不會漲、會不會跌。

比如說，台幣升值時如果股市漲了，那就是「國外的熱錢進來買台股，所以股市會漲」；如果股市跌了，那就是「台灣的企業都是以外銷為主，台幣升值會造成營收獲利下跌，所以股市會跌」。專家事後說什麼都對，但事前他們什麼都不敢說。

我曾為一本國外翻譯的理財書《投資前最重要的事》寫過推薦序，它的英文書名其實更傳神：《*A Wealth of Common Sense*》，靠常識就可以賺到財富。投資理財只要用大家都應該知道的「常識」就夠了，真的不必去追求只有少數專家才知道的「學問」。俗話說的好：「在股市，沒有專家，只有贏家和輸家。」

《投資前最重要的事》作者班．卡爾森（Ben Carlson）也提到，在投資理財上，「忽略雜音」這四個字非常重要。

絕大部分的理財專家都以複雜的術語，讓一般投資人很難理解，這是雜音之一。

對於同一個事件，這些理財專家常會提出截然不同的看法，讓一般投資人不知如何判斷，這是雜音之二。

既然不懂專家的術語，又無法判斷專家的看法，一般投資人只好到處打聽明牌，這是雜音之三，而這也是最危險的雜音。

我主張的是，用「紀律」取代「判斷」，就可以不再受雜音干擾。

此外，班・卡爾森認為，成功的投資人一定有幾項特質，其中最讓我心有戚戚焉的就是「這些人會說『我不知道』」。

很多網友會問我很多問題，我經常也是回答：「抱歉，我不知道。」千萬別以為自己真的懂，有時候只懂皮毛更危險，還不如承認自己的無知，反而更安全。

指數為什麼跌？不知道，反正跌到技術指標的低檔就該買。什麼股票會漲？不知道，反正我只買 0050，就不必去選股了。承認自己不知道，其實是最容易讓自己成為成功投資人的方法。

因為承認自己很多都不知道，所以就不會選擇過多的投資工具，也不會投資過多的標的。很多投資人為了分散風險而分散投資，結果做了過多的配置，裡面甚至有很多都是自己不熟悉、甚至完全不懂的標的。這樣做，其實風險更高。

施老師畫重點

第一、千萬不要認為是因為自己笨，所以投資才會賠錢。
第二、要徹底的懂一件事，但不要妄想什麼事都要懂。

Lesson 5

資產配置
千萬不要超過三種

大家可能都知道，為了分散風險，資產應該做不同的配置。但是種類愈多愈好嗎？我的看法和很多專家不一樣，我認為最多不要超過三種。

什麼叫「資產配置」？就是把財產分配到各種投資理財的工具上。最極端的例子，就是統統存到銀行裡。這有兩種可能，一是剛出社會的年輕人，因為薪水不高，賺的薪水都不夠生活了，只要沒花光光，就只能存銀行了，什麼投資理財都別想。第二是極端保守的人，但這種人多半都會有自己的房子，所以他的配置其實有兩項，就是銀行存款和房子。

很多理財專家總是會建議大家，就不同的投資理財工具做不同比例的配置：把財產視為一張圓圓的 pizza，然後就存款、保險、股票（包含基金）、黃金、外匯、債券以及房地產等等項目，在 pizza 上做分割，有些項目大一點，有些項目小一點。

這個分配沒有標準答案，完全看你是積極型、保守型或是中庸型的人，再自己決定比例。

做資產配置時應該思考哪些事？

關於資產配置有幾個面向，值得大家一起思考。

第一，你根本沒有很多錢。比如說，你只有 5 萬元，要你做資產配置，根本就是好高騖遠、不切實際的事。這時除了存錢，頂多是買點保險，還不該去想買股票。

第二，這些工具花費最大的就是房地產，一旦你買了房子，就會嚴重擠壓其他項目的分配。我曾經看過一個理財專家建議的資產配置，竟然只把總財產的 10% 放在房地產。這是非常可笑的，因為台北市隨便一間房子大概都要價千萬，難道他以為大家都有上億的身價嗎？

因為房地產占資產配置的比重太大，讓很多人決定不買房子，讓自己投資理財的彈性變得比較大。但這樣真的好嗎？稍後我會提出看法。

第三，銀行存款要做為資產配置的一項嗎？我認為，存款不是占總財產應該要有多少「比例」的問題，而是你應該留多少「金額」做為緊急生活預備金。

我建議，至少要留三個月的緊急生活預備金。假設一個人每月最低生活要求是 2 萬元，三個月就是 6 萬元。以 A、B 兩人為例，若 A 有 10 萬元存款、B 有 100 萬元，以比例來說，A 的緊急生活預備金占比高達 60%，B 則只要 6%。

從以上的例子就可以知道，存款不是「相對比例」的問題，而是「絕對金額」的問題。當然，如果 B 全家有四口人，一個月就需要 8 萬元，三個月就要有 24 萬元，這時比例就高達 24% 了。

因此，我建議在做資產配置時，應該要扣除以上所說的三個月緊急預備金。如果你更保守，或許要留更多個月、甚至一、兩年的錢。

第四，是不是該把所有的投資理財工具都分配進去呢？假設你有 100 萬元、又不買房子，好像可以在每一項工具上多少分配一點。但其實若過度分散，可能每一項都只能賺到一點點，還不如集中在一、兩項，或許投資報酬率會比較高。

資產配置必修課：保險與房地產

我先講結論，也就是這章的主題「資產配置千萬不要超過三種」。

第一個一定要配置的就是「保險」。剛才提到，就算你只有 5 萬元都該買一點保險。因為勞健保給付在政府財政愈來愈困難的情形下，說砍就砍、說停就停，未來也不是不可能發生的事，真的只能自求多福。所謂「靠山山倒，靠人人倒，靠自己最保險」，買保險就是為了預防這些事情的發生。

不過我要強調，買保險就要回歸到它原本「急難救助」的本質，也就是買壽險、醫療險、意外險，甚至年輕時更該買長照險，不要去買任何和投資結合的保險商品。因為這些商品給你的報酬率，只比定存利率好一點點，甚至有些到最後連保本都做不到，但保費非常貴，其實沒必要。

把保險和投資分開，就可以省下很多保費，拿去做安全穩當的投資，才是正確的做法。那麼，真的有安全穩當的投資嗎？放心，後面幾課會教到。

第二個一定要配置的就是「房地產」。該買房子還是租房子？這是個最有爭議的話題。

年紀比較大、像我這一代的人，應該比較支持前者；現在的年輕人因為物價飛漲但薪水不漲，覺得自己恐怕買不起房，所以只好租房子。我當然是支持買房子，不過我對年輕人的建議會含蓄一點「不要太早放棄買房的夢想」。

如果你是家中獨子，而父母現在又有房子，未來一定可以繼承的話，恭喜你！在財務基礎上已經立於不敗之地。如果不是的話，請一定要慎重思考這個問題。

有一次演講時，有個年輕人引用陳文茜的話「聰明的人都租房子」，反駁我應該要買房子的主張。

我先糾正他：「是有錢人都租房子。」

他愣了一下，我接著說：「因為陳文茜非常有錢，哪一天她老了，如果沒有房東願意租房子給她，她絕對有能力立刻買一間房子來住。換句話說，各位年輕人，如果你有把握老的時候有足夠的財力買房子，就可以一直租房子。如果沒把握，那還不如現在及早開始做準備，就不用擔心老的時候沒有房東肯租房子給你了。」

或許你看到這裡，還是認為應該租房子才對，這樣不只會有比較好的生活品質，也還有錢可以拿來投資、賺更多的錢。我還是那句老話「不要太早放棄買房的夢想」。關於這點，後面會有一課專門探討，到時候再好好解釋。

資產配置選修課：你最熟悉的投資工具

第三個要配置的資產是「你最熟悉的投資工具」。請注意，我在這裡沒有用「一定要配置的資產」而只是說「要配置的資產」，也就是說這是選修課，保險和房地產才是必修課。

此外，我說的是「你最熟悉的投資工具」，而不是「你最熟悉的理財工具」。也就是說，保險和第一間房子的目的是「保值」，所以剩下的配置一定要有「投資賺錢」的工具。股票應該是很多人最熟悉的投資工具，那麼第三個要配置的資產就是股票了。

如果你最熟悉的是外匯，那麼第三個要配置的資產就是外匯。如果你最熟悉的是房地產投資，也就是你不只買了一間房子，而且從房地產買賣賺了很多錢，那就繼續做房地產投資，連股票都不必碰。這時候你只要有兩種配置，也就是保險和房地產就好了。

為什麼我說要配置「你最熟悉的投資工具」呢？因為愈熟悉的東西，風險就愈低，愈不熟悉的東西，風險就愈高。很多人聽了理財專家的話，各種投資工具都配置，投資績效很可能被不熟悉的那幾項給拖累。

如果除了把錢存在銀行之外，你根本不懂任何投資工具，請你一定要學會至少一種投資工具，因為存錢根本不是投資。

不過我必須聲明，以上的建議是提供給一般民眾，但如果你除了房子之外，還有千萬元以上的財產，我才建議你可以配置比三種還多。

施老師畫重點

第一、要衡量自己的財力，再來做資產配置。
第二、資產配置千萬不要超過三種。

Lesson 6

千萬不要
趕快還清貸款

上一堂課我建議大家第二個一定要配置的是房地產。如果你買了房子，勢必要跟銀行辦貸款；就算你沒有買房子，或許念書時還辦了學貸。

很多人問我，應該優先理財，還是優先理債？我先講結論，在這個利率很低的時代，應該要先理財、後理債。

首先，我們來談學貸。現在很多小資族大學畢業，不只工作不好找，薪水也不高，而且可能還有助學貸款要還，怎麼可能還有錢投資？我認為只要能延長還款期限、慢一點還錢，再找到有穩定報酬的投資標的，就能做到了。

簡單來說，就是慢一點還錢，不急著把貸款還清。

由於現在學貸利率很低，只比 1% 略高一點，所以只要能找到 3% 以上報酬率的投資標的，就等於是拿政府的優惠措施，賺到至少跟定存一樣多的利息，何樂而不為？這個方法在金融界的術語，就叫做「套利」，也就是指利用不同的利率或匯率之間的價差來賺取利潤。

假設你總共借了 20 萬元，學貸利率是 1.5%，每年要付 3,000 元的利息，如果能找到投資報酬率 3% 的標的，每年就可以賺 6,000 元，扣掉利息後，還能多賺 3,000 元。

但是如果你急著還錢，假設一年還了 2 萬元本金，一年雖然可以節省 300 元利息，卻損失了賺 600 元的機會。如果不想急著還，可以把這筆錢放在銀行定存嗎？絕對不可以！因為現在銀行的定存利率大概只有 1%，一年只能賺 2,000 元的利息，比一年應該要還的利息 3,000 元還低！

爭取寬限期，減輕生活負擔並投資

很多人認為投資的風險太大，也可能賠錢，甚至不相信真的有報酬率 3% 以上的投資標的，所以寧願先把貸款還清。在目前的股市中，要找到報酬率 3% 以上的投資標的其實並不難，我在後面幾堂課會提到。

我念書時雖然沒有背學貸，但後來買房子的時候貸款利率接近 10%，因為要找到每年穩定超過貸款利率，比如說 12 ～ 15% 報酬率的投資標的，幾乎不可能，所以當然要盡快還清貸款。不過，現在利率這麼低，真的不必太保守，因為套利的機會是非常大的。

既然談到我買房子的事，現在就跟大家談談房貸。

雖然現在的房價比我們當年貴了好幾倍，但銀行貸款條件卻好了很多倍。當年在台北市能買到的房子，現在用相同的房價只能買到新北市，而且坪數小很多，但至少貸款成數比我們當年高，貸款利率也比我們當年低。以前能貸到五成就很了不起了，現在至少是七、八成起跳。當年利率 10%，現在只要 2% 多一點。

尤其現在銀行的競爭激烈，你可以多找幾家比較。找銀行辦貸款，或許規模愈小、成立愈短的銀行，條件反而愈好，甚至同一家銀行的不同分行也有很大的差異。

此外，最重要的是一定要爭取寬限期，讓貸款初期只還利息。如果不還本金，就可以減輕生活負擔，還能有一些錢拿來做投資。

因為房貸利率一般都比學貸利率高，學貸只要找到報酬率在 3% 以上的投資標的就可以了，但房貸可能要找報酬率至少 4 ～ 5% 的投資標的才划得來。這相對有點難度，但也不是湯姆克魯斯演的《不可能的任務》（mission impossible），這我同樣會在後面幾堂課提到。

就算真的找不到這種投資報酬率的標的，至少讓還款的壓力往後延。因為在正常的工作情形下，薪水應該會愈來愈高，更有能力負擔未來較高的本金加利息的費用。

不向銀行借錢投資，更不向證券公司借錢買股票

既然不急著還錢，我又說找到 3% 以上、甚至 4 ～ 5% 報

酬率的投資標的並不困難，很多人常常就問我：可不可以借錢來投資？因為現在很多拿房屋去抵押、辦循環貸款的利率甚至低於 3%，這不就是我前面所說的套利嗎？

我的答案是「最好不要」。因為萬一又來一次類似 2008 年那麼嚴重的金融海嘯，怎麼辦？這時或許領股息的投資報酬率還在 3% 以上、甚至 4 ～ 5%，但股價一定會跌得很慘，而你還是得還利息和本金，就必須賣掉股票才有錢還。到時候賣股票賠錢的金額，很可能超過你領的股息，那就是偷雞不著蝕把米了。

只有一種狀況，我會勉強同意。那是在一次演講結束之後，一位中年婦女私下問我一個問題。她說她剛離婚、又失業，前夫只留了一間房子給她，沒有任何現金，她該不該把房子拿去銀行抵押、借錢出來，用我的方法投資賺錢呢？這種時候我也只能說：「看來這是你唯一的機會。」

這件事發生在 2017 年，後來有很長一段時間沒發生股市大崩盤，希望她真的有因此賺到生活費。

既然我都不建議大家向銀行借錢來投資了，當然更不該向證券公司借錢買股票。

一般證券公司都可以自辦證券金融，也就是說，你可以向證券公司借錢買股票，融資的成數依指數高低而有所不同。那要拿什麼來抵押呢？當然就是股票了。此外，證券公司的融資利率比銀行高很多，你買進的成本會更高，風險當然也更高。

萬一你買的股票一直跌，證券公司為了保障他們的債權，有權利在盤中把你的股票直接賣掉，免得收不回你向他們借的錢。因為是在下跌的時候賣出，你一定會賠錢。你欠銀行的錢不還，銀行要走很長的法律程序向你催討；但你向證券公司借錢，他們根本不給你拖欠的機會，條件可說是比向銀行借錢還要嚴苛。

至於其他的貸款也能不急著還嗎？我認為，只要每年投資報酬率減掉貸款利率，能夠大於銀行定存利率 1%，就可以不急著還。

我上面提到的投資報酬率 3% 的投資標的，在股市中幾乎是確定存在的，投資報酬率 4 ～ 5% 的投資標的雖然目前也有，但不保證一直存在。萬一又碰到金融海嘯，連投資報酬率 3% 的標的都找不到時，那就盡快還貸款吧！不過，到時候利率一定更低，所以對借款人也是有利的。

請務必做信用卡的奧客

除了目前相對處於低檔的房屋貸款和助學貸款之外，其他任何貸款應該都很難符合我以上提到的條件（例如信用卡循環利息），就應該盡快還。

在賣場或餐廳碰到奧客，你一定不開心，大家也會警惕自己，不要做人見人厭的奧客，但請務必做信用卡的奧客。換句話說，每個月信用卡的帳單寄來之後，都要記得全數繳清。

銀行最喜歡的就是每個月只繳最低額度的持卡人，其他未繳的部分就會開始計算利息，只有這樣，銀行才能賺大錢。

目前信用卡循環利率大概在 15% 左右，以前更過分，接近 20%。後來大家受不了，政府才要求銀行業者降低利率，以 15% 為上限。千萬不要以為金額不高，而忽視它的威力。有一個理財的速算公式叫「72 法則」，也就是拿 72 去除以貸款利率，就可以得出幾年會翻倍。以信用卡循環利率上限 15% 計算，翻倍年數是 4.8 年。

4.8 年是怎麼算出來的？ 72 除以 15，得出來的答案就是 4.8。換句話說，不到 5 年的時間，你要償還的利息就和當初借的本金一模一樣了。假設你欠信用卡費 10 萬元，5 年後就要連本帶利還 20 萬元，夠可怕吧！

假設學貸利率是 1.5%，72 除以 1.5，也就是 48 年才會翻倍；房貸利率假設是 2.5%，72 除以 2.5，也就是將近 29 年才會翻倍，所以當然可以不用急著還。但信用卡真的應該盡快還，而且你根本不該用信用卡貸款才對。

信用卡帳單的繳費方式不外乎兩種：一種是指定帳戶扣款，另一種是拿現金去銀行或便利商店繳納。雖然我習慣用扣款，比較省事，但我建議大家採用現金繳費。因為每次掏錢繳納雖然麻煩，但你會有心痛的感覺：「怎麼這個月又刷了這麼多錢？」就會警惕自己要節儉一點。

至於我為什麼用扣款的方式？因為我本來就很節儉，不必靠這種方式提醒自己。

施老師畫重點

第一、只要每年投資報酬率減掉貸款利率，能夠大於銀行的定存利率 1%，就可以不急著還貸款。

第二、投資報酬率 3% 的投資標的在股市中，幾乎是確定存在的。

Lesson 7

看電影學理財

上了前面這六堂課，加上開學典禮，是不是有點累了？這堂課比較輕鬆，我以看了超過 4,900 部電影的影痴身分，跟大家分享我從電影中學到了哪些理財觀念。

別以為我會在這裡分享那些在片名上就和投資理財有關的電影，因為這樣太無趣了。我想提的，反而是那些看起來和投資理財八竿子都打不著的電影。套一句知名財經節目主持人夏韻芬說的話：「施大哥，我就來看你怎麼掰吧？」

這堂課的主要內容，其實是我有一次在夏韻芬所主持的中廣「理財生活通」節目裡的對談。上節目之前，我給了她一份我要講的電影名單，她看了之後，完全猜不到我要講什麼。結果節目結束之後，她露出了不可置信、五體投地的表情，心裡大概在想：「世界上應該沒有人比你還會瞎掰了。」

選股不選市vs.選市不選股

首先，我要從「捍衛戰士」和「航站情緣」談起。

幾年前第一次受邀演講時，我的第一張簡報就是「捍衛戰士」的電影海報。有個聽眾因為遲到，急急忙忙要走進會場，正巧聽到我在講這部電影，心想：「不是來聽理財的嗎？怎麼是在講電影呢？」所以又急急忙忙跑出去。後來他又走了進來，聽到我開始講理財，才確定沒有走錯會場。從此，我就把這張電影海報移到後面再講，免得又有人誤會了。不過，這部電影必須和「航站情緣」一起談，才能從兩部電影的對比中，找到和投資理財的關聯性。

「捍衛戰士」是「不可能的任務」系列電影男主角湯姆克魯斯的成名作。他演一個戰鬥機飛行員，電影就是講他英勇作戰的故事。

絕大部分的投資人都自以為是阿湯哥，有能力選到飆股，就像自己駕著戰鬥機，在很短的時間內衝上兩萬英呎。換句話說，就是股票買了之後立刻大漲，接著每天漲停板。衝上兩萬英呎之後，就開始俯衝殺敵，殺得敵機落花流水，這就好像股票賣在最高價，賣完之後，股價就一路狂跌。

然後我會問大家：「有誰會開戰鬥機？」全場都沒有人舉手。

接著，我就會講到另一個也叫湯姆的大明星——湯姆漢克斯演的「航站情緣」。這部電影講一個東歐國家的人民搭機前往美國，結果飛機落地前，他的國家突然滅亡，他也就成了沒有國籍的人，無法進入美國，只好被困在機場。

他搭著別人開的飛機，平平安安來到目的地；就像是不選股的人，只買我在第一堂課提到的 0050。它的走勢和漲跌幅幾乎都和大盤一模一樣，高低起伏不大，但漲多了一定會跌，跌多了一定會漲，只要能掌握這種韻律，就能安心獲利，就像搭飛機一樣安全，畢竟飛機失事不是那麼常見。

然後我會問大家：「有誰不會搭飛機？」全場一樣沒有人舉手。

或許你會問：「可是他最後被困在機場啊！」

沒錯，但他在機場有吃有喝，可以洗澡、可以睡覺，還可以和大美女凱薩琳麗塔瓊斯談戀愛，這和 0050 萬一套牢了，還有每年的股息可以領，不是一樣嗎？

當然，也有聽眾持不同看法：「湯姆漢克斯還演過一部被困在荒島、只能和一顆排球說話的電影『浩劫重生』，不是嗎？」

我說：「沒錯，但誰叫他自己開飛機，才會被困在荒島啊！」

簡單來說，湯姆克魯斯的「捍衛戰士」就是在講「選股不選市」，湯姆漢克斯的「航站情緣」則是在講「選市不選股」。

我認為，只有「選市不選股」才能帶來安心不焦慮的投資。

與其避免套牢，不如接受套牢

討論完這兩部怎麼看都不像是和投資理財有關的電影，下一部要講的電影就更不可思議了。這部電影是劉德華和梁朝偉演的警匪相互臥底片「無間道」。夏韻芬當時還問我：「警匪槍戰這麼激烈，你居然還想得到投資理財，太不專心了吧？」我說，這部電影給我的啟發，是事後才想到的那句經典台詞：「出來混，遲早要還的。」

投資最大的風險，就是不進場。你不進場，當然不會賠錢，但也絕對賺不到錢。所以「出來混」就是指進場買股票。

很多人自從 2017 年 5 月台股站上萬點之後就不敢進場，甚至有人在站上 9,000 點就退場觀望，結果錯失了很長一段可以賺錢的時間。如果你抱著「出來混」的心態，就能賺到錢。但在萬點以上買股票，難道不怕套牢嗎？這時候敢進場，其實一定要抱著會套牢的心理準備，也就是「遲早要還的」。

很多理財專家提出很多建議，教大家如何避免套牢，但都沒有明確的可行方案。所以我認為，與其避免套牢，還不如接受套牢，因為只要你有買股票，套牢就是最後的宿命，重點是要套牢在什麼股票上面？這個問題我要賣個關子，等到後面詳細介紹 0050 之後，大家才比較能理解。

接著，我要談三部直接講到投資理財的電影：「奪命金」、「金錢怪獸」和「屍速列車」。

千萬不要相信任何人

「奪命金」曾得到當年金馬獎最佳導演、最佳男主角獎等多項大獎。男主角劉青雲演一個不懂期貨，卻傻人有傻福、賺到 500 萬港幣的小混混。女主角何韻詩則飾演一個只想賺佣金、只想保住工作，根本不管投資人死活的理財專員。希望你運氣沒這麼差，碰到這種不肖的理財專員。

期貨有人贏錢，就一定會有人輸錢，不只輸錢，可能連命都賠掉了。所以如果你妄想靠期貨快速致富，請一定要三思而行。

導演杜琪峰是香港警匪片的大師，但在這部電影裡面卻幾乎沒有槍戰戲，因為一般人很難碰到江湖恩怨，但金錢遊戲卻是大部分人日常生活的一部分，而它的凶險程度可能更勝在黑道行走的生活。

「金錢怪獸」由兩大帥哥美女主演。喬治克隆尼演一個在電視上報明牌的投顧老師。有一天，他在直播現場被一個股民挾持，因為他聽信這些明牌，結果賠到家破人亡，所以要投顧老師拿錢出來賠。茱莉亞羅勃茲演導播，必須與股民周旋，然後想辦法救出投顧老師。在這裡我也同樣希望你運氣沒這麼差，碰到這種不肖的投顧老師。如果你不選股，不就不必冒險去找投顧老師了嗎？

「屍速列車」是當年台灣最賣座的韓國驚悚片。這部電影不是在講殭屍殺人嗎？怎麼會和投資理財沾上邊呢？別忘了，男主角孔劉演的是基金經理人，而這些殭屍之所以會出現，也和他炒作的一支股票有關。還是那句老話，我同樣希望你運氣沒這麼差，碰到這種不肖的基金經理人。

這三部電影其實有個相同的結論，那就是我在第三堂課所講的「千萬不要相信任何人」。

這堂課的最後，我要賣弄一下小聰明，在一篇短文裡，把大陸知名導演張藝謀至今拍的 21 部電影片名統統放進去。

「我的父親母親」「活著」的時候，是在「長城」底下種植「紅高粱」和「菊豆」的人民「英雄」。他們當年的戀愛，被稱為「山楂樹之戀」，是他們一生中的「幸福時光」。

我出生在一個「大紅燈籠高高掛」，到處都是燈「影」的大宅院，有眾多姊妹，大家都稱我們為「金陵十三釵」。小時候，爸爸喜歡唱京劇裡的「千里走單騎」和「十面埋伏」，媽媽則愛唱「搖啊搖，搖到外婆橋」的童謠給我們聽。

有一次，我們去參觀「滿城盡帶黃金甲」的展覽，爸爸叮嚀我們要跟好，不要走散，因為他說「一個都不能少」，而且都要安全「歸來」。

還有一次，爸爸和「代號美洲豹」的「秋菊打官司」，媽媽提醒他在法庭上，要「有話好好說」，這場法庭攻防還被寫成一齣戲「三槍拍案驚奇」。

施老師畫重點

第一、只有「選市不選股」才能帶來安心不焦慮的投資。
第二、與其避免套牢，還不如接受套牢。

第二篇

理財工具

Lesson 8

定存的風險
高達百分之百

這堂課的主題是「定存的風險高達百分之百」。我經常在演講場合或是自己的專欄中，反覆提出這個論點，當然也受到來自四面八方的批評，認為我嚴重誤導了投資人。

大家都知道，投資一定有風險，但一定有機會能賺到錢。風險愈高，期望賺到的錢應該愈高；風險愈低，報酬當然就愈低。既然銀行定存利率只有 1%，風險應該最低才對；但弔詭的是，銀行定存是注定賠錢的，因為現在銀行的定存利率，根本無法打敗每年的通貨膨脹率，也就是從實質購買力來看，只會愈存愈窮。

一個注定賠錢的投資，風險當然是百分之百。因此，我認為把錢放在銀行雖然是理財方式的一種，但它的功能不是拿來賺錢，而只是用來保管，甚至連保值都談不上。

我認為只有一種人可以去銀行存定存，那就是非常有錢的人。因為他的錢太多，多到被通貨膨脹吃掉都沒感覺。

例如，有一個人除了自有的房地產之外，還有一億元以上的現金，他現年五十歲，假設他能活到一百歲，也就是還有五十年可以活，平均下來每年可以花兩百萬元。就算每年通貨膨脹率 2 ～ 3%，他也不痛不癢，這時就可以去定存，讓銀行保管你的錢，不然難道要把超過一億的現鈔放在床底下？

「不要存定存」不是「不要存錢」

如果你沒有這麼多錢，把錢拿去適度的投資絕對有必要。現在如果你還有定存，建議你到期時把它解掉，才能讓錢做最有效的運用，也就是應該把錢拿去投資，才能真正賺到錢。

另外，也有人對我的主張有點誤會，以為我建議大家不要存錢，這是大錯特錯。我建議的是「不要存定存」，而不是「不要存錢」。這其實並不矛盾，你一定要節省生活開支，盡量把錢存下來，投資機會來臨時才有錢投資。我認為理財三部曲的第一部一定是「存錢」，然後才有第二部「投資」，最後到老了就是「好好花錢」。

我建議年輕人應該以每個月 6,000 元做為存錢的目標。我叫大家不要存定存會被罵，教大家要存錢也會被罵，真是吃這個也癢、吃那個也癢。

年輕人對於「每個月存 6,000 元」的建議，最不能接受的有兩點。第一點是，一個月薪水只有 22K，連生活都不夠了，怎麼還有可能存到錢；第二點是，現在物價飛漲，怎麼可能每個月存到 6,000 元？

我先回答第一個質疑。如果你一個月薪水只有 22K，那真的存不到錢。我這個建議有一個前提，就是以你每個月有 3 萬元薪水來算。如果每個月的薪水不到 3 萬元，只好請你去兼差，讓自己的收入增加到至少每個月有 3 萬元。關於增加收入這一點，你總不好意思說做不到吧？

關於第二個質疑，我會明確建議在食、衣、住、行、育、樂六大人生需求中，該做怎樣的配置。

在談如何配置前，請在發薪水當天，先強迫自己把 6,000 元轉到薪資轉帳戶同一家銀行的另一個分行。因為是同一家銀行的分行，所以不需要支付轉帳手續費。可別小看這每一筆小小的手續費，這些小錢也要省，不然 15 元、30 元，積少成多，累積下來的數字還是很可觀。因為人有惰性，如果不強迫自己存到另一個分行，一定無法達成月存 6,000 元的目標。

除此之外，請每天記帳，把每一筆錢都歸類在食衣住行育樂的其中一個項目下面。

六大人生需求該做怎樣的配置？

扣除存下來的 6,000 元，你每個月還有 24,000 元支應生活開銷。

民以食為天，所以第一個要考慮的是「食」，每個月請控制在 6,000 元以內，也就是一天 200 元以下。聽到這個建議，

圖一　每月生活六大需求配置建議

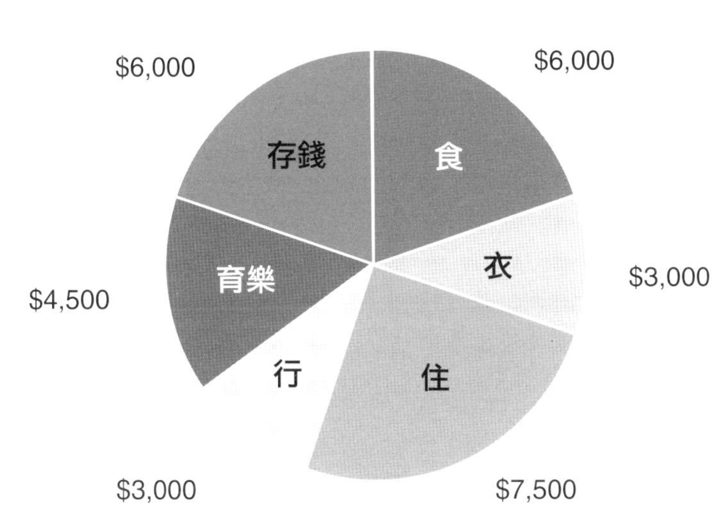

很多年輕人會立刻反彈：現在吃一餐飯起碼都要 100 元了，一個月怎麼可能只花 6,000 元？

我曾經在一次媒體訪問中說：「最節省的方法就是自己帶便當。」居然有網友留言說：「這是哪一招啊？」我認為這是很好的一招啊！因為我的兩個女兒都是這樣做的。

此外，如果一餐飯吃超過 100 元，我認為應該把它算做是「樂」，而不應該算做是「食」。當然，萬一這個月還沒過完，已經吃超過 6,000 元了，也不可能叫你不吃，那只好排擠其他的開銷。

接著來談「衣」。我建議一個月的額度是 3,000 元，但不是叫你每個月花 3,000 元，而是把一年 12 個月 36,000 元的預算，集中在打折季節去購買。

我女兒還提醒我，女生一定要趁百貨公司周年慶去買保養品和化妝品囤貨。此外，千萬不要在地攤買便宜貨，那些衣服、鞋子雖然便宜，但不太能穿去上班，其實也是一種浪費。寧可買好一點，才真的有價值。

再來是「住」，這是六大需求中最沒辦法靠意志節省的。因為每個月都是固定的，而且一定要支付。我的建議是每個月 7,500 元。

很多年輕人說，如果要在台北市租房子的話，這個價錢根本不可能。這一點我同意，但你可以去新北市租啊！如果是在中南部租房子，應該就沒問題了。

如果你能住在家裡，那麼恭喜你，這樣可以省下一大筆錢，讓其他五項需求的預算增加，或者你可以把存錢的目標提高到每個月 8,000 元、甚至 1 萬元以上，這樣可以加快存錢的速度，早日開始進行投資。

接著來談「行」，我的建議是每個月 3,000 元。如果你開車，當然就一定不夠，所以請先不要買車。

在大台北地區上班居住的朋友，因為大眾交通運輸實在太方便，真的完全沒有買車的必要。如果是中南部的朋友，或許非買車不可，但至少住比大台北地區便宜，截長補短，還是有機會達成每個月存 6,000 元的目標。

這樣算下來，育、樂兩項只剩下總共 4,500 元可以花。這兩項本來就是拿來做為其他四項彈性調整用的，當你其他四項超標時，就會排擠到這兩項的支出。剛剛提到，一餐飯吃超過 100 元，就要算「樂」，喝的飲料應該也要算「樂」，如果不好好節省，恐怕連去看電影、唱 KTV 的錢都沒有。

有什麼省錢的小撇步嗎？其實很簡單，就是每次消費的時候，都先想一下這是「需要」還是「想要」？只買需要的東西，不買想要的東西，你就可以存得到錢。

例如喝咖啡這件事。如果非喝不可，7-11 的咖啡是需要，星巴克就是想要。但你真的非喝不可嗎？如果可以不喝，一天可以省 50 元，一個月就省了 1,500 元，不是嗎？非喝不可，就喝公司的吧！

小確幸無可厚非，但要有所節制

也有網友會說：「如果這麼節省，生活就沒有樂趣啦！」

我也同意，而且我認為生活中有些小確幸還是有必要的。

小確幸的經費從那裡來呢？有幾個來源：一是很多公司保障一年 14 個月的薪水，多出來的 2 個月就可以享受小確幸；二是兼差打工的額外收入；三是因為努力工作得到的加薪。我可沒有建議你存起來喔，這些多出來的錢，就可以做為你小確幸的經費了。

生活中有些小確幸雖然無可厚非，但要有所節制。例如，以前每年出國三、四次，現在最好減少到一次就好；或是以前一年要看五、六場演唱會，現在一年最多看兩次。還有別去住貴森森的民宿，露營其實也不錯。

施老師畫重點

第一、好好工作，傻傻存錢。
第二、存了錢不要放在銀行定存，而是要做適度的投資。

Lesson 9

買保險
是為了賺錢嗎？

上一堂課我提到，把錢存在銀行只有「保管」的功能，而這堂課要講的「保險」，就兼具「保值」和「投資」的功能。

但是，「買保險是為了賺錢嗎？」俗話說得好：「天有不測風雲，人有旦夕禍福。」現在花一點錢買保險，萬一以後生了重病、出了意外，都不會把自己的經濟狀況瞬間拖垮，甚至連累家人。這種「急難救助」的功能，就是保險當初設計的原意。

有個問題請問大家：買了保險之後，你是希望自己健康平安呢？還是希望自己不要浪費保險費，常常去申請理賠呢？我想大家應該都希望自己健康平安吧？既然沒有人想賺保險理賠，那麼保費就應該付得愈少愈好。理賠金額愈高，保費相對就高，對小資族來說，一定會造成沉重的負擔。

壽險顧問都會建議提高保額，理由是「萬一生了重病或出了重大意外，才有足夠的保障」。話是沒錯，因為沒有人能否認這種情形不會發生，但我會建議，在經濟狀況比較好的時候再提高保額，不然一定會排擠到目前的日常開銷。

不要把保險看成儲蓄和投資的工具

很多人買保險，是因為想用保險來強迫自己儲蓄，但我要特別提醒大家，保險絕對不是儲蓄，因為一旦買了保險，資金就會凍結好多年，如果有急用，解約要賠，想借貸出來還要支付利息；但儲蓄卻是隨時可以提領的，就算解除定存，也不過是少了利息而已。難道不買保險，你就沒有存錢的決心了嗎？

此外，萬一要繳保費時，你卻因為沒錢而繳不出來，之前繳的保費和應該享有的理賠權益就完全泡湯了。如果是一般的儲蓄，沒錢大不了不存，一點關係都沒有，保險就不能這樣隨心所欲了。

還有很多人不敢去買價格波動很大的股票，就把保險當成投資工具，以為買了投資型保單就可以又是保險、又是投資，豈不是兩全其美？

不久前有一則新聞提到，某家壽險公司賣的投資型保單「居然沒有保本」，保戶還因此集體提出抗議。

誰說投資型保單一定保本？壽險顧問在銷售投資型保單時，多半都會提供一個「預定報酬率」給你做參考。但請注意，這裡用的是「預定」這兩個字，也就是「假設」、而不是「保證」喔！

以往金融市場利差很大時，保險公司賺翻天，因此保費和理賠金額存在很大的差距，投保終身壽險就非常划算。如今利差縮小，所以就發明了投資型保單。若想增加保障，就要好好挑選那張保單所連結的幾十檔、甚至上百檔基金。理賠金額的高低，完全取決於你挑基金的能力，那麼這和你直接去買基金有什麼差別？而且這時不只基金公司要收手續費、管理費，保險公司也還要賺一手。

再加上有很多人連買基金都不去定期檢視，常常等到淨值腰斬才驚覺事態嚴重。如果買的是投資型保單，我懷疑到底有多少人會經常去更換標的？一旦挑錯基金，將會嚴重影響理賠權益。

基金挑選是一門很大的學問，各家保險商品又差異很大，這樣不是讓買保險變得更複雜、更困難了嗎？

除了投資型保單，儲蓄險也是很受歡迎的保險商品。儲蓄險的報酬率雖然固定、收益也很明確，但真的只是比銀行定存多一點點而已。

如果買保險時不把保險看成是「儲蓄」和「投資」的工具，保費一定會便宜很多，然後把省下來的錢拿去買接下來我會介紹的兩檔投資標的，報酬率一定遠遠超過這些投資型保單和儲蓄險。

有的醫療險標榜，就算曾經申請理賠，到期時保證百分之百還本。聽起來很划算，因為既有保障、又沒損失，但這種保險一般都長達 20 年，請問：現在的 100 萬元和 20 年後的 100

萬元會一樣嗎？當然不一樣！但這類還本險的保費卻非常的高，也會擠壓到日常生活開銷，以及可以拿來投資的額度。

我建議，醫療險一定要買，但別買上面提的那種到期還本型，而且只買基本理賠額度的醫療險就可以。例如，醫療險的理賠內容一定包含病房費用的補貼，補貼金額不同，保費當然有所不同。請問有必要為了得到最高等級的補貼金額，去支付高額的保費嗎？

以我為例，我只買 level 1，住院一天補助 1000 元，也就夠了。如果買的是 level 3，雖然一天可能可以補助 3000 元，但保費一定貴很多。說不定你一路健康，根本不會申請理賠，那又何必付高額的保費？萬一真的生病住院，有部分的醫療費用讓保險公司支付，其實就達成買保險的目的了。

買消費險，而不是投資險

我建議小資族一定要趁年輕時投保，因為愈年輕買保險，保費就愈低，但要買的是「消費險」，而不是「投資險」。

什麼叫「消費險」？就是如果你一路健康平安到老，什麼理賠都沒機會申請，那麼所有的保費就像丟到水裡了一樣。感覺很可惜，但換個角度想，你既沒生重病，又沒發生意外，開心都來不及了，怎麼還會認為是吃虧了呢？

大家出國旅行，在機場常會買「旅行平安險」，花不到一千元，萬一不幸飛機墜毀，家人可以拿到幾百萬、甚至上千萬元的理賠。這時，你會追求最高的理賠金額、付最貴的保費嗎？一定不會的，因為這筆保費有 99.999% 的機率是白花的，當然愈便宜愈好。這種旅行平安險就是最典型的消費險。

「旅行平安險」是一次性保險，保障飛航風險，但每天的生活也有可能發生想像不到的意外，這時就需要買「意外險」了。

這種保費要看你的工作性質而定。有些容易出事的行業，保費就會比較高。如果你是坐辦公室的上班族，因為發生意外的機率低，保費也就相對便宜很多。

買保險要注意的五件事

做人千萬不要鐵齒，花點小錢買個保險，絕對有必要。那麼，買保險還有什麼該注意的事情呢？

第一、保險公司規模愈大愈好。規模比較小的保險公司一定會提出比較豐厚的理賠條件，不然怎麼吸引大家去買？但千萬不要被誘惑了，因為報酬高，風險就高，相反則是風險低，當然不能預期報酬高。

或許你會說，這幾年倒了好多家保險公司，政府都會找人來救，權益並不會受到影響。但如果抱持這種僥倖的心理投保，萬一這次投保的保險公司倒了、政府真的不救了，怎麼辦？

第二、優先找國內的大型保險公司。國外保險公司的規模和專業或許勝過國內保險公司，但這幾年不斷看到國外保險公司撤出台灣市場。雖然都有國內保險公司接手，權益不至於受到影響，但在這種情形下，很容易造成人員的流動，或是系統轉換的問題，多少會帶給保戶不便，又何必花錢擔這個心？

第三、盡量跟資深壽險顧問購買保單。因為他們在這一行做得夠久，應該會一直做下去，服務就能持續而且穩定。如果你跟新進人員購買，萬一他業績不好，只好自動或被迫離開，後續服務就可能中斷。或許你有很多同學或朋友剛進這一行，希望你幫忙捧場，這時你最好挑有意願留在保險業深耕、而且業績已經逐漸穩定的人購買，這樣對彼此都好。

第四、一種保險只買一張保單。很多人買保險常常是迫於人情壓力，結果就是買了許多性質相同、條件類似的產品。雖說多一張保單、多一份保障，但過多的保單理賠其實沒必要，只是增加保費負擔而已。

第五、要注意國外保單的匯率風險。因為匯率的波動可能對你的權益影響很大，尤其在這個全球低利的環境，可能到頭來理賠金額還比你繳的總保費低呢！

施老師畫重點

第一、讓保險歸保險，投資歸投資。
第二、保險公司要愈大愈好，壽險顧問要愈資深愈好。

Lesson 10

買房子
是為了賺錢嗎？

這堂課，我必須從「租房子好？還是買房子好？」這個最根本的問題談起，否則如果你只想租房子，根本不想買房子，那就完全與賺錢無關了。就算你認為租房子才對，也請耐心上完這堂課，因為我想說「千萬不要太早放棄買房的夢想」。

主張租房子的人，多半基於三個理由。

第一、台灣少子化的危機愈來愈嚴重，未來人口一定愈來愈少，這時房子的需求一定小於供給，房價當然會跌，現在當然不該買。

第二、把買房的錢拿去投資，可以賺更多。

第三、不背房貸，可以享受較高的生活品質。

「要不要買房」不是辯論比賽，是真實人生

關於第一點，我真的無從反駁，因為照經濟學最簡單的原理來說，房價好像應該會一直跌。如果這是一場辯論比賽，或許我會輸，但我們面對的是真實的人生，萬一房價就是不跌，而且還一直漲，未來你可能就更難買到了。

持這種想法的人其實是想買房子的，只是不甘願用那麼高的價格買，所以希望等到跌得夠低了再買。不過我要提醒大家，建築業是國家經濟的火車頭，一旦房市緩步下跌、甚至崩

盤，都將造成國家級的重大金融災難，到時候生活都成問題了，根本也不可能買房子。

用第二點來主張租房子的人，覺得可以把買房的錢拿去投資，或許是高估了自己的投資能力。即使大家都知道，股市投資人十之八九是賠錢的，但大多數的人都以為自己會成為少數賺錢的人。

在股市多頭行情中，賺錢的機會當然比較大。但大盤不可能永遠上漲，萬一碰到一路下跌的空頭走勢時，你真的能找到逆勢上漲的個股嗎？

如果再來一次類似 2008 年的金融海嘯，你手上的股票價值很可能就會腰斬再腰斬，甚至下市變成壁紙。但是你把錢拿去買房子，絕對不會蒸發不見，就算房價真的下跌，因為你是拿來自住，所以不過就是買貴罷了。

此外，若退休之後沒有固定收入，完全要靠投資賺點錢來過日子的話，因為每個月至少要賺到房租的錢，這一定會讓人很焦慮，而且壓力一定很大。這種情形下很容易做出錯誤的決定，賠錢的機率一定會大大增加。

第三點提到，租房子的人生活品質一定比買房子的人高，這其實有點弔詭。租房子的人當然有比較多可支配所得，目前的生活可以過得比較悠哉，不過也就沒有存錢的壓力。買房子的人雖然一開始過得比較辛苦，但最後房貸繳完，終於百分之百擁有一間屬於自己的房子，不再擔心隨時會被房東趕走，那種苦盡甘來的幸福與安心，是很難用金錢去計算的。

一生堅持租房子的人萬一年老時，找不到願意租房子給他的人，怎麼辦？這種可能性真的是該提早設想，而不該抱著「船到橋頭自然直」的鴕鳥心態面對。

一旦有了自己的房子，老年的投資相對靈活得多。最簡單的方法，就是把台北的房子賣掉，搬到中南部或是東部去。不然就是把都會區的房子賣掉，搬到其他較小的鄉鎮去，同樣都能多出一大筆現金來過活。如果不想搬，也可以把台北或是都會區的房子拿去銀行辦「以房養老」，都比靠股票投資來得安穩簡單。

我在前面提過陳文茜的故事，大家千萬不要以她一生都在租房子來增強自己租房子的信念。她太有錢了，所以當她真的租不到房子時，一定有能力立刻買一間。所以別以為「陳文茜能，我為什麼不能？」如果你的財力跟她一樣好，我才支持你現在租房子。

買房不為賺錢，買得起最重要

其實說穿了，如果房價很便宜，回到三十年前的水準，我相信大家都會去買房子。換句話說，關鍵在「買不買得起？」

這堂課為什麼叫「買房子是為了賺錢嗎？」我認為，買第一間房子不是為了賺錢，買得起最重要。第一間房子是自住，第二間房子才是投資、才是拿來賺錢的。

房地產要賺錢的條件有三個，第一是地點，第二是地點，第三還是地點。地點好，容易增值，當然房價就貴。很多人一生頂多買得起一間房子，未來根本不會賣，為什麼要想它的增值性呢？

我舉兩個例子跟大家分享。

第一個，是一間位於新北市汐科火車站附近的房子，是我認識的一個年輕人買的。他買的是一棟 30 坪老公寓的 2 樓，總價 700 萬元。他自己籌了 100 萬元，然後向父母借 40 萬元，總共 140 萬元做為自備款，剩下的 560 萬元向銀行貸款。

我常說：「跟父母借三、四十萬元，父母不會叫你還，但如果借三、四百萬元，父母一定會叫你還。」現在他每個月大概要負擔 25000 元的房貸，跟一般人租一個 30 坪公寓付的租金差不多，也對他的日常生活開銷沒有造成很大的壓力。700

萬元，真的不是什麼不可能的任務吧？誰說在大台北地區買房一定要上千萬？這個物件有三個重要的特性：第一，沒有停車位；第二，沒有電梯；第三，離捷運站遠。只要符合這三個條件，就應該買得起。

在大台北地區生活，大眾交通工具太方便了，真的應該先買房、再買車。這位年輕人沒有買車，買房當然不用買停車位。他還年輕，也不需要搭電梯。這個物件離捷運站真的有點遠，但搭台鐵區間車去台北，只要坐一站就到南港站，然後接上捷運板南線，通行整個大台北地區，其實並沒有很不方便。

或許中南部的朋友會說，不買車不行，但中南部的房價絕對沒有大台北地區高吧？

第二個例子是來自媒體的報導。有個年輕人在父母的幫忙下，買了一間信義計畫區的小套房加一個車位，權狀雖有 10 坪，但室內只比 5 坪多一點點，總價 1,500 萬元。年輕人接父母上台北來看，室內空間小到父母差點沒昏倒。

這間房子有停車位、有電梯、離捷運站近，絕對是房地產專家眼中會增值的好物件；但它真的會增值嗎？我持保留的態度。因為這麼小的坪數，還是只能賣給單身的年輕人，但有幾個年輕人買得起？既然接手困難，它就很難增值。

千萬不要聽媒體一再恐嚇你，要不吃不喝十幾年才買得起房子。以第一個花 700 萬元在汐科火車站附近買房子的年輕人為例，假設他一個月薪水 5 萬元，換算下來，也要快 12 年才買得起。但你為什麼只用他現在的薪水來算？難道薪水不會增加嗎？

還有，為什麼要用一次付清 700 萬元來算？把銀行還款年限拉到 30 年，本金加利息的總金額雖然一定比 700 萬元高，但每個月攤還的金額，一定讓你還可以有基本的生活水準。

房價之外，銀行貸款條件也非常重要

不要再抱怨以前只要花多少多少錢，就可以在台北市大安區買到好大的房子，現在用同樣的價錢，卻只能在新北市買到好小的房子。現實就是如此，抱怨也沒用，但至少銀行貸款的條件比當時好了很多倍。

當年銀行最多只能貸五成的房貸，現在可以貸到八成，而且當時的貸款利率也比現在高出三、四倍。現在和過去相比，除了不得不住遠一點以外，貸款條件至少寬鬆很多。

是否負擔得起？除了看「房價」之外，「銀行貸款條件」也非常重要。

首先，一定要爭取「寬限期」，讓貸款初期只還利息、不還本金，減輕當下的生活負擔。原因是，在正常的工作情形下，收入應該會愈來愈高，你也更有能力負擔未來較高的本金加利息的費用。

其次，貨比三家不吃虧。各銀行都會就貸款成數、利率水準、還款期限和方式做組合，或許其中一、兩項對你有利，但絕不可能四項都令你滿意。我認為真正的關鍵是：每個月要負擔的金額，會不會造成日常生活很大的壓力？

我的建議是，每個月還款金額最好不要超過家庭可支配所得的一半以上，而且付完房貸後，還能維持基本的生活開銷。

施老師畫重點

第一、該租房子、還是該買房子？這不是辯論比賽，這是真實人生。

第二、第一間房子買得起最重要，第二間房子才是拿來賺錢的。

Lesson 11

投資黃金
要賺錢，太難了

每次演講，只要提到黃金，我都會問在場的聽眾一個簡單的問題：「黃金什麼時候會大漲？」

聽眾的回答從來沒有一次不一樣，那就是「發生戰爭的時候啊！」

我接著問：「有人希望發生戰爭嗎？」

大家這時候都會用力搖頭。然後，我就講了結論：「那黃金有什麼好賺的？」

黃金前幾年為什麼有一度成為很夯的投資工具？因為 2008 年金融海嘯發生後，美國政府為了挽救全球經濟和金融市場，推出了「量化寬鬆」的政策，媒體習慣用兩個英文字母「QE」稱呼它，其實說穿了，就是拚命印鈔票。因為鈔票印太多，大家開始擔心美元不值錢，所以拚命買黃金來保值，造成黃金非理性的飆漲。

黃金原本的功能其實是保值，但突然大漲之後，大家就把它看成像股票一樣，可以透過買賣價差來賺錢。

以前買黃金，是幾兩、幾錢在買實體的黃金，不論是金條或金飾，都看得見也摸得到。後來銀行發明了「黃金存摺」，讓大家可以用公克為單位來買，但卻只是登記在存摺裡，看不到也摸不到真正的黃金，淪為虛擬的交易，就像股票現在也只是登記在集保存摺裡面一樣。

所有股票的術語和技術分析的方法，統統適用在黃金買賣上。媒體也趁這股潮流，捧紅了一位口條清晰、長相斯文的「黃金王子」，他分析行情的口吻，其實就像股票投顧老師一樣，沒什麼不同。

黃金一度來到每盎司 1,900 美元以上，這不叫投機，什麼才叫投機？後來歐洲、日本、中國也學美國狂印鈔票，世人才發現，原來黃金不再那麼必要，從此行情一瀉千里。中國大媽以為黃金大跌就像股票一樣會觸底反彈，因此拚命搶進，結果卻慘遭套牢。

黃金存摺VS.金條金塊

小資族或許認為黃金一公克只要一千多元就能買，投資門檻相對不高。但現在買進，可能套牢的機會很高。因為黃金這幾年一路走低，而且走勢溫吞，加上銀行買進和賣出的報價差距約 1%，所以很難賺到錢。

銀行為了吸引小資族投資黃金，開辦了以定期定額來投資黃金的方式。但有網友告訴我，他從一公克 1,500 元扣到現在，仍在嚴重套牢中。因為很多人對股票心存恐懼，覺得黃金應該相對安全，結果用買賣股票的邏輯來做投資，這豈不是非常矛盾？

因為黃金已經欠缺金融海嘯時的上漲條件，所以與黃金有關的任何投資的方法與技巧，其實都沒有用武之地。巴菲特曾說：「在錯誤的道路上，奔跑也沒用。」應該也適用在目前的黃金投資上。

此外，我認為就算要投資，該買的也應該是金條、金塊，而不是投資黃金存摺。黃金存摺最大的三個優點：第一是進入門檻低，買一公克也可以；第二是因為沒有實體，所以根本不怕遺失或被偷；第三是變現性和股票一樣高。這些正好都是金條、金塊最大的三個缺點，但相比之下，金條、金塊卻還是有比較能夠歷久不衰的價值。

為什麼我說情願買金條、金塊呢？當年國民黨撤退來台灣，最自豪的政策就是從大陸搬來為數可觀的黃金，穩住了風雨飄搖的台灣經濟，證明黃金絕對是亂世中唯一可以信賴的財產。萬一真的不幸發生了戰爭，金條、金塊就會變得非常值錢，但黃金存摺裡的數字肯定會成為廢紙。

既然該買金條、金塊，但是以台銀最低購買單位一台兩來算，折合 37.5 公克，至少也要花超過 4 萬元。對小資族來說，還不如用同樣的錢去買每年都有配息、股價只有二十幾元的金融股。這也就是我不建議小資族將黃金做為投資工具的最主要理由。

大家有時候真的太聰明了，有些人既然不知道該如何投資黃金，那就去買黃金基金，請專家幫忙投資，或是去玩黃金期貨，用少少的錢，以為有機會賺到大錢。我已經說投資黃金很難賺了，又何必去花無謂的精力呢？如果你還是懷疑我的看法，那麼你總該相信股神巴菲特對黃金的看法吧？

巴爺爺曾公開表示：「就算黃金跌到每盎司 800 美元，我也不會買。」他的理由是買到好股票，不僅每年可以領到股息，而且還會不斷增值，但黃金擺得再久，它原來的重量還是不會變，絕對不會多出一公克來。

小資族們，大家好不容易存了一些錢，一定要放在最有效率的投資工具上，黃金真的不該是大家的投資選項之一。

我認為黃金其實應該是在「需要」的時候去買，而不是因為想「賺錢」才去買。什麼時候該買？就是結婚、訂婚的時候，或是看到漂亮的金戒指、金項鍊、金手鍊，配戴在身上會讓自己開心的時候，就算當時買貴了，但幸福的感覺絕對是無價的。

不懂的東西，就不該拿來投資

買金條、金塊、金飾，一般都會給你一張保證書，所以買黃金要買到假的，其實很少見。反觀有些人愛買各種玉石，以為也可以做為一種保值，或是投資賺錢的標的，卻常常買到了劣質品、甚至假貨。

有一陣子，電視台一窩蜂製作了很多寶物鑑定的節目，很多來賓都拿出家裡自以為是稀世珍寶的東西給專家鑑定，專家要說出真正價值的時候，一定會進廣告，吊足了觀眾的胃口。結果這些來賓絕大部分都是受騙上當，當初買到的其實都是不值錢的東西。

我印象最深刻的一次是，有位貴婦帶了兩個翡翠鐲子來，聲稱當初是以一個 150 萬元、兩個 300 萬元的價格買下。結果專家鑑價出來，說兩個最多只值 1 萬元。那名貴婦聽完一臉慘白，還要主持人和專家把她攙扶住，才不至於當場昏倒。

所以我勸大家，一般人根本沒有鑑定玉石、骨董真偽的能力，千萬不要被賣家的三寸不爛之舌給誘惑了。

黃金都不該當做是投資的標的了，更遑論去買對自己毫無意義，而且肯定不懂的白銀、白金、黃銅等等貴金屬。也請大家舉一反三，不要去碰原物料、農產品的基金，換句話說，就是不懂的東西，就不該拿來投資，因為那絕對是投機的行為。

可以靠自己的判斷衡量價值再投資

有很多東西和黃金一樣，本來不該是投資的工具，但大家想錢想瘋了，以為統統都可以拿來投資。藝術收藏品就是其中最讓人心癢的，因為它們的稀少性，所以媒體總愛報導它們的驚人漲幅。

我先以藝術品投資來說明。我也曾因受到報導的誘惑，想去買一幅畫投資，就去找經營畫廊的同學。他推薦了一個當時在中國正紅的畫家的版畫作品給我，六幅一組，總價 100 萬元，還說因為是同學，所以算我 9 折 90 萬元。

我當時確實有點心動，90 萬元也還買得起。不過，他畢竟是我同學，最後居然跟我老實說，勸我不要買：「你如果認為一幅畫的價格很合理，那麼它絕對不會增值；如果你覺得它真的好貴，而且貴到你買不下手，它才會增值。」

我後來當然沒買，或許這版畫還是會增值，但絕對不會漲到那種天文數字的價格。除此之外，繪畫的保存也是一門大學問，不要最後是增值了，卻因為自己保存不當而賺不到這個錢。

一幅略有名氣畫家的作品，價格一定非常高，小資族應該沒有這個財力，就別做美夢了。但如果相對較便宜的收藏品，可以拿來投資嗎？例如紅酒、名牌包，或是郵票、錢幣？

我的建議是，除非你真的很懂，可以靠自己的判斷衡量它的價值，而不是靠別人的推薦去買的話，才能做這方面的投資。簡單的說，還是那句老話：「不懂的東西，就不要投資。」

記得我提過的那個很愛收藏無敵鐵金剛公仔的朋友嗎？他是因為買了放公仔的房地產而賺錢，絕不是因為公仔增值而獲利。所以，請讓收藏歸收藏，投資歸投資吧！

施老師畫重點

第一、黃金現在已經欠缺金融海嘯時的上漲條件。
第二、讓收藏歸收藏，投資歸投資。

Lesson 12

高收益債、月配息，真的好嗎？

買債券的目的，當然是為了賺錢，但我認為債券是最事倍功半的投資工具，也就是說，必須花很多的錢，但只能賺到很少的錢。這麼差的條件還會吸引人，就是因為一般來說，它的風險是比較低的。

你可以把「債券」看成是「借條」。你把錢借給國家，它就給你一張政府公債。借錢給美國政府，一定百分之百安全，也因為安全，所以利息一定少得可憐。但如果是個政局很不穩定、經濟很不發達的國家，想要跟大家借錢，我隨便舉烏干達為例，如果不能承諾給投資人很高的利息，絕對不可能有人敢借錢給他。那麼借錢給自己的國家呢？你大概不敢說擔心，只是也幾乎買不到政府債券，因為都被國內各大金融機構買光了。

剛剛講到的是借錢給國家，當然，你也可以把錢借給公司，這時你同樣也會得到一張這個公司發行的公司債。

與政府公債相同的道理，如果今天是科技的龍頭台積電發行的公司債，你一定敢借錢給它，但利息一定很少；相反的，如果有家公司願意給你很高的利息，它的規模一定比較小，經營風險當然也比較大一點。

公司債相對於政府公債而言，比較容易買到，但基本上不會低於 10 萬元，而且很多績優公司的公司債利息，說不定還比銀行定存的利息少。

公司債和股票最大的不同是，就算企業虧損，還是要付給債權人利息，卻不必付給股東利息，不過萬一企業經營不善倒閉，你可能連借給這家公司的錢都拿不回來。

不要被「高收益債基金」的名稱給騙了

對一般投資人來說，債券本身就很難買賣，所以通常是透過購買債券基金來投資債券。現在最熱門的債券基金，就是所謂的「高收益債基金」，因為它比很多政府債券基金的利息高很多，所以大家都趨之若鶩。

什麼叫「高收益債基金」？其實就是「垃圾債基金」。但是，如果叫「垃圾債基金」，就不會吸引大家去買了。

我講個從網路上看到的笑話，大家就知道取名字有多麼重要了。

法國餐廳有一道菜，叫做「地中海生蠔佐紅醬，滑蛋佐時蔬」，定價600元。但其實「時蔬」是「當季的青菜」，「生蠔」是「蚵仔」，它就是夜市裡都吃得到、一盤60元的蚵仔煎，只要名字取得好，就可以多賣10倍的錢。

同樣的道理，「高收益債基金」是前者那個文雅的菜名，

「垃圾債基金」是蚵仔煎，但其實是完全一樣的東西。

什麼叫「垃圾債」？就是公司經營不善，大家借錢給它的意願很低，它只好用很高的利息、也就是用「高收益債」來吸引有點賭性的投資人。萬一公司倒閉，這些債券一定無法還錢給你，到時候就跟垃圾沒兩樣了，因此叫做「垃圾債」。

銷售高收益債基金的公開宣傳資料中，一定有一句警告的話：「本基金有相當比重投資於非投資等級之高風險債券」，但字體都很小，或許你根本沒有注意到。這句話翻成白話文的意思就是，它所購買的債券有很多都是風險很高、可能會還不出錢的債券。

看了這句話，你還敢買「高收益債基金」嗎？

在全球經濟很好時買這些債券，或許還不會出事，一旦出事了，搞不好你還不知道！因為「高收益債基金」還有一個更厲害的包裝，叫做「月配息」，也就是每個月都會配利息給你。

大家聽了一定覺得「太棒了」。因為「高收益債基金」每個月都配利息，所以你根本不會知道它什麼時候出事了。請注意，它對外宣傳的資料上，一定也有另外一句警告的話：「配息來源可能為本金」。也就是說，當它沒有能力靠投資賺到錢來配息給你的時候，就會從你本來的投資金額中配給你。換句話說，你拿到的利息其實根本就是你投資的錢。

如果再發生一次金融海嘯，很多這些發行債券的公司都倒閉了、還不出錢，你原來投入的本金可能都不保，最後當然不可能再月配息了。

還有一點很重要，那就是這些基金說的都是「配息率」，而不是「報酬率」。

安全的債券基金利息都很低，而利息看來很高的債券基金都很不安全，所以我才會說債券投資是事倍功半。

通膨與匯率的風險

債券利息通常都只比銀行定存利率高一點點而已，很多時候還是無法打敗通貨膨脹率，所以真的不是很有效率的投資工具。

除了通膨的風險，別忘了還有匯率的風險。高收益債基金多半以美元計價，你用台幣買，但基金公司必須換成美元幫你買，這中間還有匯率的風險。

例如，你當初買的時候，一美元等於 31 元台幣，結果你想贖回的時候，台幣升值到一美元換 29 元台幣，你當場就賠了 6.5% 的匯差，扣掉這些債券基金給你的利息，最後可能還是虧的。債券賺的錢都很少了，怎麼還有本錢被匯差吃掉呢？

什麼是「轉換公司債」？

以上講的是單純的公司債，但有些公司很聰明，它既不願意給債券持有人比較高的利息，又想吸引大家借錢給他們，就發明了「轉換公司債」這種金融商品。以下我用轉換公司債的簡稱「CB」來說明。

什麼叫 CB 呢？就是這家公司跟你約定一個轉換成股票的價格，一旦市價高於轉換價，就轉換成股票，它就不用還你錢了。如果一直沒有轉換的機會，它就必須付你利息，到期也必須還給你本金。

大家或許看過「某某一」、「某某二」這種股票名稱，不知道它是什麼意思。其實這些就是某某公司第一次發行、或第二次發行的轉換公司債。

每張 CB 發行的時候都是 10 萬元，它也可以上市買賣。為了配合投資人的習慣，就用 100 元做為上市的價格。為什麼是 100 元呢？你可以把它想成是和股票一樣，也是 1,000 股。100 元乘以 1,000 股，就是 10 萬元。

不同的 CB 有不同的發行條件。第一，它會規定存續期間有多長。一般都是三到七年不等，也就是存續期間結束後，公司要把本金 10 萬元還給你。第二，它會註明債券利率是多少。

通常都很低、甚至出現過零利率，更誇張的是還有可能是負利率，也就是在 CB 的存續期間內，如果你不去轉換成股票還會懲罰你。例如到期時只還你 98,000 元，你還倒虧 2,000 元。

第三，它會明訂一個轉換價格，比如說每股 50 元。也就是說，投資人可以用這個價格去轉換成發行公司 A 公司的股票。換句話說，買一張 CB，可以換到 2,000 股 A 公司的股票。怎麼算？就是拿 10 萬元去除以 50 元，答案就是 2,000 股。如果現在 A 公司的股票市價只有 40 元，你會不會去轉換？一定不會，因為 40 元乘以 2,000 股，你只拿回 8 萬元，但你當初是花了 10 萬元買的，這樣做還倒賠 2 萬元。

那麼，如果現在市價漲到 60 元，你會不會去轉換？一定就會了。因為 60 元乘以 2,000 股，你可以拿回 12 萬元，而你當初是花了 10 萬元買的，這樣做就可以賺 2 萬元。

所以，如果 A 公司的股價一直沒有超過 50 元，你就不會去轉換，這時一般的情形下，A 公司就會依照當初答應的債券利率，付給你利息。就投資人的角度來看，這是比較有利的，因為有機會賺股票價差，就算沒有，也還能領一點點利息。以 A 公司立場來想，它當然希望股價漲上去，大家都來轉換，它就可以把利息省下來。

CB 是我比較鼓勵大家做的債券投資，不過它最大的缺點就是成交量一般都不大，所以買賣都不容易。

還有，再用前面的例子來說明，如果它的股價來到60元，CB本身的價格也會跟著漲上去，而不會只有10萬元。因為如果還是10萬元，投資報酬率就有20%，大家看到報酬率這麼高，就會願意用較高的價格買。這時候你可以去轉換成股票，也可以因為CB本身的價格已經漲了，直接賣掉來獲利。但是，要賺CB的錢，必須花很多時間研究公司的經營能力和發行條件，報酬其實並不高，我建議一般人就省下這些力氣吧。

施老師畫重點

第一、安全的債券基金利息都很低，而利息看來很高的債券基金，都很不安全。

第二、小心海外債券基金賺的利息被匯差給吃掉了。

Lesson 13

不要暴露在兩種以上的風險中

上一堂課我提醒大家，海外的債券基金除了投資基金的風險之外，還有匯率的風險，那會讓投資暴露在兩種以上的風險。其實除了債券基金，只要是海外投資，都會面臨一樣的問題。

買債券基金，重點當然是債券，但如果你是存外幣定存，目的不只是賺利息，還想賺外匯，真的可以兩全其美嗎？

舉例來說，前幾年大家熱衷人民幣定存。因為專家預測人民幣有很大升值空間，而且定存利率是台幣的好幾倍，因此大家趨之若鶩，拚命把台幣換成人民幣。

結果呢？人民幣不只沒漲，還一路狂貶，匯率損失的價差，遠遠超過了定存利率的收益。有人可能會說，那是因為人民幣投資風險本來就比較大。那我們來看看美元定存好了。

一般美元定存利率大約在 2 ～ 3% 之間，比台幣定存高，而且報酬率有機會超過 3%，好像可以打敗通貨膨脹率。但是台幣從來就不是非常弱勢的貨幣，只要台幣從 31 元升值到 30 元，一美元的匯差損失就有台幣一元，換算比率就超過 3%，所以存到後來反而還是賠錢的。

買外匯，不為賺錢而是旅遊

以前很多人也愛存澳幣或紐幣存款，因為紐、澳貨幣持續升值，而且存款利率也不錯，確實讓大家既賺了利息、又賺到匯差，但現在已經很難再有這種好事了。

至於其他新興市場國家的匯率，我相信沒有人會把錢拿去存在這些國家的銀行裡。即使定存利率超過 50%，但匯率貶值可能超過 100%、甚至根本領不出來。

日本有一名家庭主婦，大家稱她「渡邊太太」，因為很會操作外匯交易而成為媒體紅人，在日本掀起一股民眾炒匯的熱潮。不過這在台灣真的不容易，因為我們央行的總裁，從彭淮南到楊金龍，都不希望匯率有大幅波動。而且要操作外匯投資，你一定要深入了解發行那種貨幣國家的政經情勢，但國外的資訊取得又非常困難，所以在台灣想要賺外匯的錢，真的不容易。

我想應該沒有人會用買賣現鈔，賺外匯的錢吧？因為銀行在買進和賣出的報價上，兩者的差距常常高達 1 ～ 2%，也就是說，台幣至少要貶到 2% 以上才有可能賺得到錢，那就難上加難了。

我只能說，外匯投資也不是個容易賺錢的投資工具，但碰到好機會，還是要去買外匯，不是為了「賺錢」，而是為了「旅遊」。當一美元只要 29 元台幣、100 日圓只要 25 元台幣就能換到的時候，趕緊去買一些，下次出國一定會很開心，因為買什麼東西都變得好便宜。這何嘗不是一種「小確幸」？

我舉一個切身之痛的例子跟大家分享。2014 年，我和太太去地中海搭郵輪時，一歐元要用 42 塊半的台幣換，後來跌到 30 幾塊，真是去得早不如去得巧。

我已經建議大家不要妄想賺外匯，因為你買的任何海外商品（例如海外基金、海外股票）這些投資都不一定保證賺錢了，那麼你為什麼還要讓自己多暴露在另外一種風險、也就是匯率的風險之中呢？

既然我們在台灣過日子、用的是新台幣，為什麼不能只專注在台幣投資上？如此一來，只有投資風險、沒有匯率風險，不是比較容易掌控嗎？為什麼一定要那麼貪心想要兩頭賺呢？

當然，很多人擔心兩岸局勢會影響台灣經濟，希望透過外幣投資分散政治風險。如果台灣政局真的發生驚天動地的變化，只要還住在台灣，你做任何的避險其實都徒勞無功。所以，如果你真的不放心、而且有能力，乾脆移民國外，把財產完全換成外幣資產，不就一勞永逸了？也不必再這麼瞻前顧後，但如果你沒有移民的條件和財力，真的不必庸人自擾。

除非已經移民海外、或子女正在海外求學，所以你的資產中已經有，或是必須有些外幣資產，不論是美元、日圓、歐元或人民幣，你做這些海外投資，才不會受到匯率波動的影響。如果你是生活在台灣，未來幾乎不可能常住國外，甚至也不會移民到別的國家去，那就真的沒有必要多一個匯率的煩惱。

難以用金錢衡量的風險

或許你的資產配置本來就有外幣這一塊，例如美元，你大可以不必透過台幣買海外基金，直接用美元去國外開戶，買國外的股票、基金或債券。如果未來不打算把它換回台幣，而是一直在海外直接做投資，當然就能避開匯率的風險。這樣就只剩下投資本身的風險，也不會像我前面說的暴露在兩種以上的風險之中。

不過，這樣真的就可以高枕無憂了嗎？它還是有風險，只是不能用金錢來衡量。

舉例來說，萬一你突然過世，這些海外資產就成為家人要繼承的遺產。這時，你的家人勢必要花比較多的精力和時間處理，因為要同時都符合台灣和當地國家的法令，家人是否有足夠的語言能力來處理，就是個很大的麻煩。

如果委託專家處理，一定會有額外的支出。突然過世的機率當然不是很高，但當地國家的稅務問題，或往來的金融機構出狀況，而影響你的權益，這些都很可能發生。一旦發生了，應該不是一般人有能力處理的。

撇開匯率的因素，海外投資真的就比國內投資安全、而且賺更多嗎？這就是接下來我要和大家探討的課題了。

我必須承認、甚至佩服，國外的金融人才真的比台灣本地多太多。當然，很重要的原因來自於國外金融市場非常開放而自由，才能設計並推出多到令人眼花撩亂的金融商品，而這也是銀行理財專員最愛銷售給大家的東西。

每個理財專員好像都有三寸不爛之舌，拿出一張張圖表，然後把很多金融商品解釋得非常專業。但有時候因為太專業，結果就是幾乎聽不懂。就算聽不太懂，但在那個氣氛下，好像不買就會錯過發財的機會，所以很多人都買了這些海外的金融商品。

碰到這種情況，我給大家的建議很簡單，那就是「不懂的東西就不要投資」。你要一直問、一直問，問到完全了解為止，千萬不要因為怕被笑而裝懂。說不定你一直問下去，把理財專員問倒而避開風險。

我有個大學同學在一家非常大的上市公司負責各項投資的

專案。在連動債當紅的那幾年，他完全沒買。我問他原因，他只說：「我看不懂就不會買。」連他這麼專業的投資專家都說不懂了，我真的不相信有幾個人能看懂那些連動債的內容。

我也是因為聽了他的話，才沒有聽信理財專員的建議買雷曼連動債。因為他們解釋半天，我只聽懂這兩句話：「利息比銀行定存好一點點，而且雷曼兄弟是全球第四大投資銀行，絕對不會倒。」

結果，雷曼兄弟還是倒了，甚至造成2008年的金融海嘯。

當年會去買雷曼連動債的，都是非常保守、也就是只敢把錢存在銀行的人，結果因為相信理財專員的話術、不敢承認自己不懂，畢生積蓄就這樣付諸東流。

施老師畫重點

第一、進行海外投資，千萬不能忘記匯率的風險。
第二、不懂的東西就不要投資。

第三篇

投資工具

Lesson 14

買股票
比買基金容易

「股票」是一般人最熟悉、也是資金和資訊門檻都最低的投資工具，而且我要斬釘截鐵的說，股票就是普通老百姓唯一的投資工具，大家就認命吧！

有人會覺得：股票投資好難喔，我應該去買基金，請專家來幫我操作。真的是這樣嗎？我認為這個觀念大錯特錯，因為我的想法是「買股票比買基金容易」。

我每次演講，一講到「買股票比買基金容易」這句話的時候，都會停頓一下，看著台下聽眾一臉不可置信的表情。

我猜大多數人的內心大概都在想：「買股票當然很難啊！所以我們才要來聽你演講、上課，或是看書、看報紙，還要做很多功課。就是因為買股票太難，我們才會去買基金啊！」

接著我還會調侃一下大家：「我覺得，買基金還不如把錢拿去買喝的雞精。」

當然，不能一直開玩笑下去。我很嚴肅的問大家以下幾個問題：「如果要買三支股票，為了分散風險，所以要在電子、傳產、金融股中各買一支，電子股你們會買什麼？」

大家幾乎異口同聲回答「台積電」，從來沒有第二個答案。

「那麼傳產呢？」答案幾乎也都是「台塑」、「中鋼」。

「那麼金融股呢？」這個答案就比較多了，但我會問大家：「買國泰金，可以嗎？」大家也點頭表示同意。

然後我繼續問：「買這三支股票，你需要看公司的財務報表嗎？需要聽演講、上課、看書、看報紙、做功課嗎？」

大家又異口同聲說：「不必！」

這時我說出我的結論：「買這三支股票夠簡單吧？所以，有必要去買基金嗎？」大家終於恍然大悟。

等大家都認同我的看法之後，為了加深信心，我會問最後一個問題：「這三家公司的董事長會不會跳槽？」

大家又異口同聲說：「不會。」

「但基金經理人會不會跳槽？」

這時，我想大家應該就真的懂了。

諷刺的是，大家明明都知道要買這三支股票，但實際上卻愛買那些名不見經傳、聽別人報明牌，或是自以為會上漲的小型股，這才是讓大家覺得買股票很難的原因。

股市只有贏家和輸家，沒有專家

基金的發明，就是因為大多數投資人不知道該如何挑選股票，就集資請一個專業經理人幫大家操作。因為相信他是專家，一定可以幫大家賺到錢，如此一來，自己也可以省下很多時間和精力。

很多小資族喜歡用「定時定額」的方式買基金，選定每個月的某一天，由發行基金的投信公司扣款一定的金額，再依當天基金的淨值買進等值的單位數。或許有時候買貴了，但一定也會有比較便宜的時候，長期下來，至少會是一個平均數。

透過這種定期定額的方法買基金，也就不用擔心買進的時機是否恰當。這絕對是一種非常穩健的投資方法。

但我要提醒大家的是，投資「方法」雖然對，但投資「標的」卻不一定對。要從幾百種、甚至上千種國內、外各式各樣的基金中，挑出會賺錢的基金，我認為其實比挑股票還難。

你也許會說，把所有基金過去的績效拿來比較，挑最好的來買，不就好了嗎？但基金廣告一定有這句話：「經理公司以往的績效不保證最低投資效益。」因此這種評選基金的方式，仍然有很大的風險。我把這些風險歸納為三種：

風險一：你買的基金原本績效很好，結果基金經理人被同業高薪挖角離開了。

風險二：去年績效好，今年卻非常差。

風險三：最慘的狀況，就是基金經理人的操守不好，居然和股市作手勾結，傷害基金持有人的權益。

這些情形經常發生，你拿他們毫無辦法，只能自求多福。

買基金的時候，發行這檔基金的投信公司絕對不可能向你保證穩賺不賠，但無論賺或賠，他們一定會收取手續費和管理費，還不如自己操作，至少不用支付任何費用。

有一句話說得好：「股市只有贏家和輸家，沒有專家。」因此不用妄自菲薄，要對自己多一點信心，自己操作不一定會輸給基金經理人。同時，也因為是自己做的決定，就算賠錢也怨不得別人，比較不會因為基金經理人的無能或坑殺而鬱卒。

買基金的三個建議

如果你就是對自己沒信心，一定要買基金的話，那麼我有三點建議：

第一個建議是，不要買你不熟悉的基金。我有一次邊開車邊收聽廣播節目，一開始是主持人和一位基金專家的對談，後半段開放聽眾 call-in，讓專家為大家解答基金的問題。

打電話進來的聽眾，有人買了東歐基金、有人買拉丁美洲基金，還有兩、三個聽眾買了礦業或生技基金。我相信他們應該都是聽了理財專員的建議去買，因為當時這些基金的績效一定不錯，但能否持續到現在，其實需要不斷追蹤。

我發現一個問題：這些投資民眾，很多都沒有定期檢視自己買的基金的績效，而是等到淨值腰斬時才發現大事不妙，卻又抱持和買股票一樣的心態「反正不賣就不賠」。過了幾年之後，大概都不忍心認賠了。

我不能理解的是，為什麼要去買自己很陌生的基金呢？如果大家買的是台股基金，至少每天都知道股市行情的變化，不至於不聞不問。如果買的是陌生的基金，因為資訊取得非常不容易，常常買了之後就忘記它了。

我的第二個建議是，不要買有匯率風險的海外基金，這其實和第一個建議是連動的。海外基金的投資一定都是你比較陌生的市場，因為資訊取得不容易，形成的風險已經很大，你居然還要承受匯率波動的風險。兩種風險一起承受的結果就是，要獲利的機會一定更小了。

我的第三個建議是，非買基金不可的話，就去買 ETF（指數型基金）。這可是巴菲特的建議喔！

被動式基金V.S.主動式基金

為了簡單起見，我接下來都會用 ETF 來取代「指數型基金」這五個字。巴菲特為了證明他的建議是正確的，曾在 2005 年跟一個基金主管打賭 50 萬美元。

賭什麼呢？巴爺爺選了一檔追蹤標準普爾 500（S&P500）

的 ETF，他的對手則從自己旗下管理的基金裡，挑選了五檔績效最好的基金，然後兩人一直持有到 2015 年，總共 10 年的期間，賭看看誰的報酬率比較高？別忘了，這中間還發生了 2008 年的金融海嘯。

最後是誰贏了呢？當然是巴菲特了。

巴菲特對手挑選的五檔基金，平均報酬率有 22%，其實已經很不錯了，但是巴菲特更厲害，他選的 ETF 累積報酬率居然高達 85% ！

而巴菲特對手挑選的五檔基金裡面，表現最好的一支照樣輸給 ETF，更別提最差的那一支報酬率只有 2% 了。

我們稱一般的基金是「主動式」的基金，而 ETF 則是「被動式」的基金。因為一般基金的績效，取決於基金經理人「主動」選股的能力，而 ETF 則是透過精密計算的持股成分和比例，和所連結的指數做到幾乎完全一致，也就是「被動」的貼近指數的走勢。

換句話說，一般基金有可能打敗大盤，但也有可能會輸，而 ETF 則只是跟大盤幾乎相同而已。

有人做過統計，以一年來看，60% 的基金會輸給大盤，拉長到十年，則有 70% 會輸，再拉到更長的二十年，則有超過 80% 會輸。因此，若你買的是跟大盤幾乎相同的 ETF，勝算真的比買基金還要大。

不過，買 ETF 並不是一定穩賺不賠。當大盤跌的時候，ETF 照樣會賠錢，只是虧損的情形和大盤跌幅非常接近罷了。

要在下跌趨勢中買到仍然賺錢的基金，不是不可能，只是機率非常低。因此巴菲特曾在公開場合講過多達八次類似的話：「大家如果有積蓄的話，可以買指數型基金，根本不用聽我這種理財顧問的話。」

台灣有沒有這種 ETF 呢？有，其中最具代表性的就是「元大台灣 50」，股票代號是「0050」，我在之前幾堂課提過幾次。這支 ETF 可能很多讀者沒聽過，或是聽過、但不太了解，我在後面一堂課會做完整的說明。

施老師畫重點

第一、買股票就買台積電、台塑、國泰金，比挑基金簡單多了。

第二、要買基金，就買 ETF（指數型基金）。

Lesson 15

股息殖利率
不是愈高愈好

雖然我和巴菲特一樣建議大家買 ETF，但大多數人還是喜歡買個股。所以這堂課我要跟大家談談個股該怎麼投資？我會從股息殖利率談起，但股息殖利率並不是愈高愈好。至於什麼是股息殖利率？繼續上完這堂課你就會懂了。

首先，要請大家建立一個正確的觀念：「先想領股息，再想賺價差。」

買股票當然是為了賺錢。賺錢的來源有兩種：一種是每年配發的股息，另一種是如果股票價格上漲，你把它賣掉之後賺到的價差。

什麼是股息？一般來說，公司只要有獲利，每年就會配發一次股息給投資人。例如，台積電 2018 年一股配發 7.5 元股息，你在當年買了一張，然後一直持有到他規定的某個特定日期之前都沒賣，就可以領到 7,500 元的股息。因為一張股票是 1,000 股，7.5 元乘以 1,000 股，就是 7,500 元。

買股票的另一種賺錢來源，就是股票價格上漲，漲到比你買進的價格還高，你把股票賣掉，就會賺到中間的價差。

大部分的投資人都喜歡賺價差，因為說不定只花一天的時間、甚至當天就賺到了，比較不喜歡等公司一年一度才會配發的股息，而且有很多公司根本不會配息。

不過，我建議大家應該優先去尋找能夠每年都穩定配息的公司，如果這支股票的價格上下波動很大，還有價差給你賺，那就更完美了。

股息殖利率的高低比股息的絕對金額重要

上一堂課我提到的台積電、台塑、國泰金，就完全符合上面所說的條件。更重要的是，它們不是只有這幾年有配息，而是幾十年來都穩定配息，再加上這三家公司幾乎不可能倒閉，可說是大家不必動腦筋都敢買的股票。

這種以領股息為主的投資理念，一般稱為「存股」。現在市面上教大家存股的書非常多，而且銷售量普遍都贏過教大家賺價差的書，說明了「存股」已經成為現在主流的投資理念。

不過，我必須提醒大家的是，不要以為股息的「絕對金額」愈大愈好，其實真正重要的應該是「股息殖利率」的高低。

舉例來說明。A、B 兩家公司今年都會配股息，A 公司每股配 5 元，B 公司每股配 2 元。如果以「絕對金額」來看，A 公司配 5 元當然比較多，所以 A 公司的股票應該比較值得買，但其實不一定。

假設 A 公司的股票現在一股 200 元，B 公司的股票現在一股只有 20 元，所以如果以「股息殖利率」來看，A 公司只有 2.5%，而 B 公司則有 10%，這時候反而應該去買 B 公司才對。

股息殖利率是怎麼算出來的呢？就是拿每股的股息去除以每股的股價。以 A 公司為例，配息 5 元、股價 200 元，5 元除以 200 元，股息殖利率就是 2.5%。B 公司配息 2 元、股價 20 元，2 元除以 20 元，股息殖利率就是 10%。以報酬率來看，當然應該要買 B 公司的股票。

但真的因為 B 公司的股息殖利率高，就該買它的股票嗎？其實也不盡然。

聽到這裡你一定覺得奇怪，我一下子說應該買 A 公司的股票，一下子又說應該買 B 公司的股票，然後又說不一定，究竟該買哪一家的股票呢？

我會這麼說的原因是，或許 A 公司幾十年來都維持相同的配息金額，而 B 公司多年來只有今年有獲利，也才能配股息。以長期投資的觀點來看，應該買的是 A 公司的股票，也因為幾十年來都穩定配息，A 公司的股價才會那麼高。而 B 公司可能是今年賣了一塊地，才終於賺錢了，而它本來的公司業務也許未來還是沒有起色，以後也不太可能再發股息，所以股價一直漲不動。

如果真是如此，我的建議是當然該買 A 公司的股票，因為大家都知道，買股票買的就是這家公司的未來。

這裡必須跟大家解釋三個專業術語「除息」、「填息」和「貼息」。

我還是用A、B這兩家公司做為例子，來說明這三個術語。

為了確定哪些股東有資格領股息，公司會宣布某一天是「除息基準日」。假設A公司的除息基準日是9月2日，只要在9月1日以前（包括9月1日當天）有買A公司股票，而且仍繼續持有到9月1日的人，就可以配發到5元的股息。

假設9月1日收盤價是200元，隔天9月2日（也就是「除息基準日」）當天的平盤價就會變成195元，也就是除掉了5元。因為你已經領了5元，所以必須扣掉5元，這樣對9月2日以後才買進A公司股票的投資人才比較公平，因為他們已經不能領股息了。這就叫「除息」。

一般來說，昨天的收盤價就是今天的平盤價，但遇到除息基準日這天，就會發生上面的情形。

大家當然都知道，股價是隨時在變動的。如果A公司在除息之後，股價又漲回到了200元，或甚至更高，我們就稱為「填息」。

假設你就是用9月1日的收盤價200元買進參加除息，先賺到了股息5元，而後來的價格和你買進的成本一樣，甚至高過你的成本，那麼你就確確實實賺到了股息。

但是，如果除息之後的股價從 200 元跌到了 185 元，雖然你賺到了股息 5 元，但你的成本 200 元和現在的價格 185 元相比，每股就賠了 15 元，結算下來，你還是虧了 10 元，這就叫「貼息」，也就是倒賠的意思。

你當然可以等到它漲回 200 元再賣，就不會賠了，但是有非常多的股票除息之後，就再也回不去了。

除息要看公司未來的成長性

最有名的例子，就是讓最多投資人傷心的宏達電了。它最後一次配息，每股配了 40 元，當時除息基準日前一天的收盤價是 480 元，股息殖利率高達 8.3%。很多投資人都參加了那次的除息，因為 HTC 在當時真的是國際知名的手機品牌，還被譽為「台灣之光」。

後來的發展大家都知道了。從此以後，宏達電營收獲利就一路溜滑梯往下，股價甚至跌破 40 元。當年參加除息的人，如果到了跌破 40 元才停損，每股就賠了 440 元。雖然賺了 40 元股息，兩相抵銷之下，每股還是賠 400 元，持有一張宏達電的股票，就是賠 40 萬元。

從宏達電的例子就可以知道，能不能填息是多麼重要的事！換句話說，不管配息的金額有多高，或是股息殖利率有多高，如果不能填息的話，一切都是白搭！

回到我上面舉的例子，A 公司可能填息的機會比較高，而 B 公司因為未來本身的業務仍不理想，貼息的機會可能比較高，所以應該參加 A 公司的除息才對。

由此可知，要不要參加除息，不是看配息金額、也不是看股息殖利率，而是看公司未來的成長性。換句話說，客觀數字都不可靠，還是要看主觀的判斷。選股，真的很難！

我再舉 2018 年每股配息 1.5 元的面板大廠友達為例。除息之前，友達的股價大概在 13.5 元左右，換算股息殖利率高達 11.1%，看起來真的很吸引人，但除息之後，友達的股價就是動也不動，換句話說，投資人根本沒有追價的意願，因為大家害怕領了友達 1.5 元的股息之後，它會不會又重蹈以往連年虧損的覆轍。

關於這件事，我還寫過一篇文章，叫做〈股價就像愛情，哪有什麼道理？〉個股的股價就像愛情一樣，完全難以捉摸，根本沒有道理可言。俗話說得好：「環肥燕瘦，各有所愛。」愛情雖沒道理，但至少還有甜蜜，但股價沒有道理，就只剩焦慮了。

涵蓋不同組合的ETF是最簡單的投資方法

因為電子股的產業波動性很大，所以有許多人愛買金融股來存股，價位相對比大部分電子股要低，產業波動也比電子股小，而且政府對金融業的管制很多，所以相對安全。

不過，金融股也不是完全沒有風險。有時候會突然發生巨額呆帳，或是嚴重違法而導致巨額罰款，都需要投資人隨時追蹤，才能避免風險。

只要你是選擇個股來存股，就要花時間和精力定期檢視、汰弱留強。如果沒有這個能力，還不如去買專家會幫你定期篩選、強調高股息的 ETF。雖然 ETF 的股息殖利率可能不如個股，但因為內容涵蓋了電子、金融、傳產的組合，所以可以規避個別產業和個別公司的風險，反而是最簡單的投資方法。

施老師畫重點

第一、公司未來的成長性，才是要不要參加除息的關鍵。
第二、用高股息 ETF 來存股，才能規避個別產業和個別公司的風險。

Lesson 16

買股票該用基本分析？還是技術分析？

股市投資人最關心的兩個問題，一個是「買什麼」，另一個則是「什麼時候買」。如果你懂得基本分析，就知道要「買什麼」，如果你又懂得技術分析，就知道要在「什麼時候買」。

股神巴菲特比較支持基本分析。他說過：「在錯誤的道路上，奔跑也沒用。」基本分析是「道路」，技術分析就是「奔跑」。換句話說，選錯了股票，就算你的技術分析再厲害，結果都會賠錢。

既然如此，我就先來跟大家說明該如何做基本分析。

「基本分析」就是去分析一家公司的經營是好還是壞，判斷好壞的依據當然是看公司的財務報表，然後計算出很多的財務比率，就能判斷它的經營是好還是壞。這其實就是大學商學科系必修的「財務分析」。

資產負債表和損益表，是財務報表中最重要的兩張表。

資產負債表是在說明，公司在某一天值多少錢？而這個「某一天」，通常指的是每一個月底，或是每一個季底，還有半年底、也就是六月底，以及年底、也就是十二月底。

損益表則是在說公司在某一段期間內，賺了多少錢？還是賠了多少錢？

說到這裡，大家有沒有發現？這些都是已經發生的事，而且所有的數字還要經過會計師查核確認。因此，投資人看到財務報表時，季報已經是一個月之後的事，半年報已經是兩個月以後的事，年報更已經是三個月以後的事了。

這麼久以前的數字，還能做為買進這家公司股票的依據嗎？上過前幾堂課的人都應該知道，買股票要買的是公司的未來，但你能掌握到的公開資料，卻都是過去的。

閱讀財務報表與了解背後意義的能力

就算財務報表可以做為挑股票的重要參考，但是有多少人有能力閱讀財務報表，然後了解這些數字背後所代表的意義呢？當然，還是有人有這個能力，但誰有時間把台灣一千六百多家上市上櫃公司的財務報表統統看完？

巴菲特奉行的價值型投資，當然是從基本分析出發，但他有一個龐大的團隊幫他讀財務報表，做為投資的參考，你有這個條件嗎？

除此之外，財務報表只能說是「真」的，但不保證是「正確」的。這麼說是什麼意思呢？我以投資人最愛買的電子股為例做說明。

因為科技日新月異，所以電子產品的週期都很短，可能過了半年、甚至三個月，就沒有任何銷售價值了。

這些產品如果還在倉庫裡，沒能賣出去，它的價值應該就要歸零才對。一旦歸零後，就會造成虧損，所以簽證會計師只要在不違背公認會計準則與相關法令之下，就會和公司取得共識，制訂一個比較有利於公司獲利的存貨政策。這中間是不是就存在了很大的彈性？

舉例來說，堆在倉庫的產品早就賣不掉，要認定這些產品還保有原來的價值，絕大部分的會計師應該是不會答應的，但他們應該會同意，這些產品還有一半、或是還有四分之一的價值，這樣公司就可以少賠一點。

再來，你或許聽過「淡季不淡」的利多說法。如果業績確實如此，股價自然就可能上漲，但這有兩種狀況要考慮，一個是下游需求確實強勁，另一個則只是公司認為下一季是旺季，業績沒問題，就跟下游客戶講好在之前的淡季先出貨。

以上兩個例子，我們絕對不能說它們是「假」的，只能說它們「不完全正確」。

那麼，難道閱讀財務報表完全沒用嗎？這麼說也不對。

我認為，財務報表雖然不能做為你「買」股票唯一的依據，但可以幫助你「避開」地雷股。

每股盈餘與本益比

比如說，從財務報表上看到應收帳款收現的天數愈來愈長，你可能就會懷疑，這家公司是不是會被客戶倒帳？或是看到存貨愈來愈多、週轉期間也愈來愈長，這是不是代表產品已經過時？還有，若毛利率一直下降，是不是代表公司在同業中已經沒有競爭力了？

只要你看得懂這些，就能規避風險，但前提是你必須知道什麼是「應收帳款週轉率」、「存貨週轉率」、「毛利率」，還有其他各式各樣的財務比率。

因為大家沒辦法仔細看每一家公司的財務報表，所以就用最簡單的方法──只看每一家公司的每股盈餘。每股盈餘愈高當然愈好，也就愈值得投資，股價也比較有可能上漲。

什麼叫「每股盈餘」？比如說，一家公司的股本是 10 億元，因為每一股的面額是 10 元，換算下來就有 1 億股，如果它去年賺了 2 億元，用 2 億元除以 1 億股，每股就是賺 2 元。

知道了每股盈餘，就可以算「本益比」。同一個例子，如果這家公司現在的股價是 40 元，本益比就是拿股價去除以每股盈餘，也就是用 40 元去除以 2 元，得出的答案就是本益比 20 倍。

本益比愈低，就代表股價被低估了，所以有可能上漲；反之，則是股價被高估，就不具備投資價值了。

如果用本益比來做為挑股票的標準，豈不是太簡單了？事情當然沒這麼簡單，現實中怎麼可能有這麼好的事？

不同產業的本益比區間，其實是不同的。一般來說，愈傳統、愈競爭的產業，本益比區間就愈低，反之就愈高。

如果用本益比的邏輯，就不能解釋為什麼賠錢的公司還會有人買，甚至沒賺錢的公司，股價還常常一直漲呢！我們稱這種公司是因為「本夢比」而吸引投資人去買。

例如股價曾經狂飆的網路、太陽能、LED、生技產業，因為他們的未來被大家想像得太美好，所以大家是用「夢想」來買股票。結果大多數人都被套牢在高檔，因為大家發現夢想破滅，很多股價甚至跌到只剩下歷史天價的 1%。

K線圖與KD值

因為用基本分析來挑股票實在太難了，所以有另一派投資專家支持用技術分析來買賣。

如果是用這種方法，你根本不必管公司的經營體質。因為再爛的公司，股價一定都會有從低檔反彈的機會，就有機會買來賺取價差。

所有的技術分析都是從最基本的 K 線圖（見圖二）發展出來的。只要有每天的開盤價、收盤價、最高價和最低價四個數據，就可以畫出大家常常看到的 K 線圖。追蹤每天的 K 線，靠著不同的 K 線組合，就「號稱」能判斷未來的走勢。

但真的能預測未來嗎？技術分析的老師拿「過去」的 K 線

圖二　K 線圖

圖來分析，當然可以講得頭頭是道，就只是「看圖說故事」，怎麼會出錯？但是，老師的絕活應該是要告訴我們「明天」會漲還是會跌？而不是解釋「昨天」為什麼會漲、為什麼會跌吧？

除了K線組合之外，其實還有許多技術指標，我認為某種程度上還算可信。以很多投資人最熟悉的KD值為例，這兩個數值永遠落在0～100之間，愈靠近0，代表股價已經來到相對低檔，適合逢低買進；愈靠近100，則代表股價已經來到高檔，應該獲利了結。

但是問題又來了，KD值來到多低，才會反彈？如果你每次都希望來到10以下才要進場，結果一直等不到，就會錯失進場時機；相反的，每次都堅持要看到90以上才要落袋為安，但又苦等不到，最後沒賣成，只是紙上富貴一場。

其實技術分析最大的盲點就是，許多個股都很容易受到人為的操控。一旦有主力作手介入，K值就算到了99都還會繼續漲；等到哪一天主力出清持股，跌到了K值小於1，都還有可能繼續跌。

就算沒有主力介入，個股因為充滿想像空間，就會一路漲、不回頭；而一旦想像空間沒了，就會一路跌、不回頭。像這種時候，任何技術分析都會完全失靈。

基本分析、技術分析其實都很難幫助你在股市賺錢，那該怎麼辦？只有「正確」的內線才是讓你能夠賺錢的唯一依據。但什麼是「正確」的內線呢？絕對不是別人告訴你的，而應該是你從工作上知道的。

施老師畫重點

第一、基本分析和技術分析都只能解釋過去，不能預測未來。

第二、沒有想像空間，沒有主力炒作，個股絕不可能在短期內大漲。

Lesson 17

千萬不要再選股

上一堂課結束時，大家一定感到非常挫折，基本分析、技術分析都很難幫助在股市賺錢，那該怎麼投資股票呢？我要給大家另一個顛覆的想法，那就是「千萬不要再選股」。

如果不選股，就不用看財務報表，就不用做基本分析。除此之外，不選股，也就不需要任何內線消息，這時，就只剩下技術分析了。是不是簡單多了？但是，不選股，那要買什麼呢？直接告訴大家答案，就是去買 ETF 指數型基金。

它雖然是基金，但不必去投信公司申購，而是和買賣股票一樣，透過證券公司下單就可以了。

2003 年 6 月，國內推出了第一檔 ETF，名叫「元大台灣 50」(股票代號「0050」)，至今雖然有超過 100 檔以上的 ETF 在交易，但 0050 依舊是台股中最具代表性的一支。

0050 是由台股前 50 大市值的股票組成的基金，並且透過持股比例的設計，讓它和大盤指數的漲跌幅度幾乎完全一樣。也就是說，大盤如果漲 1%，它就跟著漲 1%；大盤如果跌 2%，它也不會跌得比 2% 還多。但如果是個股的話，說不定還跌停板（見圖三和圖四）。

「市值」就是用股價去乘以股本，「前 50 大市值」簡單來說，你把它當做台灣前 50 大公司就好了。市值只要用電腦一跑，就可以算出前 50 大，根本不需要用人腦去判斷，所以

圖三　大盤走勢圖

圖四　0050 走勢圖

ETF 又稱為「被動式基金」。很多人經常買的基金，是靠基金經理人的主動選股來進行投資，就是所謂的「主動式基金」。

0050 每一季都會重新檢視這份名單和持股比例（見表二），有些會剔除，有些會新增，有些名次則會變動。例如，宏達電最高曾來到第十二名，如今已經不在名單內；大立光則是從榜外一路爬到最高第三名。當然，第一、第二名永遠都是台積電和鴻海。

曾經有人在我的演講會場問到，萬一台積電倒了，還能買什麼股票？我跟他說當然還是 0050，因為台積電雖然會被剔除，但永遠都會有前 50 名的公司啊！

0050 的 50 檔成分股，有沒有一支會突然倒閉呢？前 50 大公司倒閉的這個可能性其實已經非常小了，更何況要 50 家在同一天倒閉，那是幾乎不可能的事！所以 0050 是絕對不會下市的。如果你真的擔心 50 家公司會在同一天倒閉，唯一的方法，就是把台幣換成美元，趕快移民吧！

因此，我認為 0050 的終極風險和定存一樣，雖然它有價格波動的短期風險，但萬一這 50 家公司真的在同一天倒閉了，你放在銀行的台幣，保證也完全不值錢了。

有一次，有個聽眾問了一個非常專業的問題：「50 家公司確實不會同時倒閉，但是萬一發行這檔基金的元大投信倒了，

表二　0050 成分股

製表日期：2018/09/30

排序	股票名稱	持股比例	排序	股票名稱	持股比例
1	台積電	34.61	26	國巨	0.98
2	鴻海	6.48	27	台灣大	0.96
3	台塑	3.13	28	合庫金	0.92
4	南亞	2.63	29	華南金	0.87
5	台化	2.41	30	開發金	0.87
6	中華電	2.30	31	台新金	0.80
7	中信金	2.29	32	廣達	0.78
8	國泰金	2.27	33	遠東新	0.77
9	統一	2.10	34	中租 -KY	0.69
10	富邦金	2.09	35	和碩	0.67
11	大立光	2.04	36	永豐金	0.64
12	聯發科	1.99	37	遠傳	0.64
13	中鋼	1.73	38	彰銀	0.64
14	兆豐金	1.64	39	友達	0.62
15	台達電	1.55	40	華新科	0.57
16	日月光投控	1.38	41	亞泥	0.53
17	可成	1.36	42	群創	0.50
18	玉山金	1.27	43	正新	0.48
19	第一金	1.11	44	寶成	0.47
20	台塑化	1.11	45	研華	0.46
21	統一超	1.10	46	鴻準	0.45
22	聯電	1.05	47	光寶科	0.45
23	華碩	1.02	48	中壽	0.44
24	台泥	1.02	49	台灣高鐵	0.34
25	元大金	0.99	50	南亞科	0.26

怎麼辦？」

請大家放心，政府有規定，所有投信公司都必須採用信託制，也就是把發行的基金信託給銀行保管。就算投信公司倒閉，它發行的基金也不會成為被清算的資產，可以完全確保基金持有人的權益。

完全改變人生下半場的決定

我在「元大台灣 50」2003 年上市之後，就曾經買過，但嫌它漲得太慢，所以不是我投資組合中的主力。直到 2008 年金融海嘯後的某一天，我才赫然發現，「眾裡尋他千百度，驀然回首，那人就在燈火闌珊處」。「尋他千百度」，就是一天到晚在選股，原來「那人」就是「0050」。

金融海嘯那時候，所有的投資人滿手都是套牢的股票，我也不例外。一天收完盤後，我準備睡個午覺，但是翻來覆去睡不著，因為滿腦子的心思都在憂慮套牢的股票該怎麼辦？又想到，我這個台大畢業的高材生，又在證券公司有十五年的豐富承銷經驗，怎麼跟一般散戶一樣，不只賠錢，也都輸給大盤呢？

就在這個時候，我突然頓悟了一個非常簡單的道理：「如果我的績效跟大盤完全一樣，那我至少不會鬱卒，至少可以睡得著覺，不是嗎？」

想通之後，我第二天就把所有股票一口氣全部賣光，統統換成 0050。這個決定完全改變了我的人生下半場，我只要認命和大盤一樣就好，這也讓我的投資從此不再焦慮，可以安心樂活過好日。

後來，我發現了一個很簡單的方法，可以不再只是和大盤一樣，甚至可以輕輕鬆鬆打敗大盤。這個方法，後面會有完整的一堂課教大家，別急！

0050 除了不可能下市之外，還有另外一個很大的優點，就是每年都會配息，最少 1 元、最多 4 元，而且最重要的是，每一年都還有填息！從 2016 年開始，它將一年一次的配息改成一年兩次，讓大家每半年就可以領一次錢，不像絕大部分的股票要等一年才領得到。

不管無腦有腦，能賺錢就好

0050 當然也有缺點：第一是無聊，第二是無腦。因為什麼功課都不必做了，投資當然很無聊，又因為「0050」很難大起大落，投資人也不能享受個股上沖下洗的快感，但這就是我的本意。我希望大家不要把時間和精力花在投資賺錢上，因為人生還有太多更有意義的事該去做。

講個笑話，讓大家輕鬆一下。

有一次，某財經電視台要來我家採訪，特別約了下午一點鐘來，希望能拍到我操盤的畫面。結果攝影師一進門就很訝異，我家怎麼沒有整面的電視牆，也沒有看盤的顯示器，而且我根本沒在看盤！更好笑的是，記者的第一個問題居然是問我：「你的選股標準是什麼？」

因為我的方法實在太簡單，就被人家笑說太無腦，但管它無腦還是有腦，只要能賺錢就好，不是嗎？鄧小平說：「管牠黑貓白貓，會抓老鼠的，就是好貓。」

再和大家分享一個買 0050 被嘲笑的經驗。有一次，有個證券業的朋友打電話來，要我報他一支明牌。我跟他推薦 0050，他居然很生氣的說：「你根本就是在敷衍我。」然後狠狠掛了我的電話。

大多數的人其實都瞧不起 0050，覺得自己很厲害，一定可以打敗大盤，但諷刺的是，投資人十之八九都是賠錢的。

除了 0050 之外，還有一支台股中也是非常具有代表性的 ETF，那就是「元大高股息基金」(股票代號「0056」)。它的成分股和 0050 不一樣，是由未來一年預計股息殖利率最高的前 30 名的股票所組成（見表三）。

表三　0056 成分股

製表日期：2018/09/30

排序	股票名稱	持股比例	排序	股票名稱	持股比例
1	大成鋼	6.32	16	創見	2.95
2	興富發	5.65	17	和碩	2.89
3	英業達	4.39	18	大聯大	2.88
4	榮化	4.29	19	台化	2.87
5	瑞儀	4.25	20	力成	2.84
6	彩晶	4.15	21	緯創	2.75
7	神達	3.77	22	聚陽	2.73
8	光寶科	3.49	23	群光	2.72
9	智邦	3.43	24	中信金	2.71
10	廣達	3.25	25	兆豐金	2.67
11	美律	3.20	26	佳世達	2.54
12	日月光投控	3.18	27	華碩	2.50
13	友達	3.09	28	京元電子	2.40
14	聯詠	3.05	29	台泥	2.40
15	仁寶	2.98	30	聯強	2.38

它的好處在於，風險和 0050 一樣低。也就是說，或許其中有一支可能會突然倒閉，但是要 30 家在同一天倒閉，那幾乎是不可能的事。所以 0056 也是絕對不會下市的。

那麼台積電、中華電、台塑，在 0056 這 30 支成分股裡面嗎？居然沒有！雖然他們都有穩定配息，但因為股價偏高，所以股息殖利率還排不進前 30 名，因此 0056 的成分股確實比較偏向中小型股，但已經有人幫你每半年定期檢視了，所以你也不必親自花精力和時間去做。

不過，這 30 支成分股並不是從全台灣一千六百家上市櫃公司做挑選。它有一個入圍的門檻——必須是市值前一百五十名的股票才有機會被挑中。立下這樣的門檻，也就排除了或許這一、兩年突然獲利很好、但不保證夠一直維持下去的小型公司的風險。

0056 自 2011 年起，除了當年配息 2.2 元外，之後每年的配息都在 1 元左右，最高 1.45 元、最低 0.85 元。雖然配息金額沒有 0050 多，但它的股價不到 0050 的三分之一，所以股息殖利率反而更高。

0056和大盤的連動性也沒有0050強，而且因為它是以「未來一年預計股息殖利率」為篩選的標準，請注意裡面有「預計」這兩個字，所以多少有一些人為判斷的因素。加上它的成分股替換率也比 0050 還要高，因此大家都有一個共識，就是 0056 沒有 0050 好。關於這一點，我也認同。

我常用賓士比喻 0050，用國產車比喻 0056。賓士當然比國產車好，但是你買不起賓士，就不要整天想賓士，買國產車就好。因為就運輸的功能來說，兩者都沒問題。如果就安全性和獲利性來說，0050 和 0056 其實都一樣，只是差在 0050 比較貴，0056 比較便宜而已。

簡單來說，0050 適合資金比較多的人，而且它的股價比較活潑，容易有價差可以賺，對於習慣進出股票的投資人比較有吸引力。

0056 則適合資金比較少的小資族，但它的股價波動不大，就是一般投資人所謂的「股性很牛皮」，我建議大家買來當存股、領股息就好了。

施老師畫重點

第一、不要再選股，就買 0050 和 0056。

第二、0050 和 0056 不可能下市，每年又有穩定配息，而且也有機會賺價差。

Lesson 18

買股票該長期投資？還是波段操作？

上完前一堂課，大家一定有個疑問：既然 0050 和 0056 這麼安全穩健，買賣也很簡單，根本不必做基本分析、也不必到處打聽明牌，那究竟該長期投資，還是波段操作？

如果在學校考試，答案肯定是該「長期投資」，而且幾乎所有的理財專家都認為，「長期投資」才是投資股票最正確的做法，加上複利效果，就能讓獲利極大化。不過我卻抱持比較保留的態度，因為這還要考慮投資人進場的時間點，以及買的是什麼股票。

以歷史資料來看，長期投資一定是最後的勝利者。因為沒有投資價值的投機股，本來就不該買進。既然看好這支股票的長期增值潛力，當然就該長期投資啊！

講理論非常簡單，而且一定不會錯；但如果是在股市高點，例如台股萬點之上、或是美股 25,000 點之上才進場，我就不相信有多少人敢長期投資。

理財專家絕對不會告訴你什麼時候該進場，他們只是堅持該長期投資。萬一有人進場正好碰到行情反轉，很不幸的在高檔被套牢了，那也只能怪自己沒有挑對進場的時機。「長期投資」的觀念還是沒有錯。或許過了十年之後，當時買進並長期投資，結果還是有很好的獲利，但高檔套牢的時候，有誰能夠安心抱牢股票呢？

應該長期投資，但你無法回到過去

有一次，有個網友問一位人氣非常高、而且一向主張長期投資的財經部落客一個很直接的問題：「請問現在美股已經26,000 點了，還可以進場嗎？」

這位財經部落客的回答非常「完美」。請注意，我用的是「完美」這兩個字。他是這樣說的：「你該繼續努力加強正確的投資觀念，你就會成熟到不再問這個問題的程度。」他的意思很明白：「你自己決定，對錯你也要自己負責。」

理財專家支持長期投資的理由是無法反駁的，因為他們總是把大家拉回三、五十年前，然後假設你在當時買進，現在就可以賺到非常多、非常多的投資收益。

問題是，現實沒辦法讓我們回到過去啊！以上一堂課提到的 0050 為例，它在 2003 年 6 月上市時，上市價是 36.98 元。假設你在第一天就用 37 元買進，然後長期投資，一直持有到 2018 年底，你總共領了 28.4 元的股息（詳表四）。光這個部分，15 年來的報酬率就高達 77%，平均一年就有 5% 以上。別忘了，中間還碰到 2008 年金融海嘯，不然報酬率一定更高，而且價差還沒算在內。

表四　0050 歷年配息一覽表

買進年度	當年配息	填息日數
2005	1.85	28
2006	4.00	68
2007	2.50	5
2008	2.00	6
2009	1.00	24
2010	2.20	5
2011	1.95	102
2012	1.85	36
2013	1.35	68
2014	1.55	6
2015	2.00	251
2016（註一）	0.85/1.7	7/5
2017	0.70/2.2	2/214
2018	0.7/2.3（註二）	1/15

註一：0050 自 2016 年起，一年配息兩次

註一：2018 年第二次配息是在 2019 年 1 月

如果你在 2018 年底賣出 0050 賺價差，以當天收盤價 75.5 元來算，帳面上的價差高達 38.5 元，換算報酬率更高達 104%！加上股息賺到的 77%，報酬率居然接近 2 倍之多。換句話說，15 年前投資一股 37 元，到了 2018 年底，一股的實際價值已經變成了 103.9 元。

以這個例子來看，長期投資好不好？

當然好啊！但最大的問題在於，如果你在 2018 年底用 75.5 元買進，15 年後也會等比例增值、變成 212 元嗎？我想現

在一定沒有人會相信。你更不可能等到 0050 跌回 37 元才要進場，因為或許再也等不到了。因此，以現實面來看，上面的計算根本不可行，只是個數學模型而已。

那麼，0050 跌到多少元，才能長期投資呢？關於這點，我認為不可能有人說得出正確答案。

很多人說，0050 的合理價位在 50 元，也就是指數約略在 7,000 點的時候。說建議很容易，但做起來很難。因為以現在價位來看，要跌回 50 元可能要等很久；而且就算是用 50 元買進，經過十五年、三十年後，到底能增值多少？我想到時候也沒有人會記得我問過這個問題了。

再說，1,600 多檔的台股之中，要找到能夠長期投資的標的，真的不多，或許只有 0050 的 50 支股票夠資格。像是我之前曾經提過的台積電、台塑、國泰金，即使在萬點以上來買，都還可以長期投資。怎麼說呢？

只要台積電以後每年都能發 3 元以上的股息，就算買在 200 多元，股息殖利率依然能打敗定存利率；台塑只要每年能發 1.5 元到 2 元的股息，國泰金甚至只要發 1 元的股息，就都可以打敗定存利率。如果這三家公司未來只能發這麼少的股息，台股應該已經大崩盤了。

挖掘能夠長長久久的公司，需要精準眼光

很多曾經是台灣股市中的股王、股后，現在都已經從高點回檔，好一點的只是腰斬，很多甚至跌到只剩歷史高價的 1% 而已。

例如宏達電，一度是多麼被看好的公司，後來的股價居然不到歷史最高價的 5%。大立光到現在依然是績優公司，但如果你買在最高價 6,000 元以上，恐怕也很難安心長期投資。

理財專家可能會說，為什麼你不在它股價還很低的時候就買，而要等到漲那麼多了才買？這種建議根本毫無意義，因為人生絕對不可能重來。理財專家又會建議你，要努力做功課，挖掘出第二個大立光，但有這種精準眼光的投資人實在太少太少了。

巴菲特當然是長期投資的擁護者，他有一句名言是這樣說的：「要找一個長長的山坡，就可以讓雪球愈滾愈大。」「長長的山坡」就是值得長期投資的股票，「雪球」就是穩定的配息，然後以利滾利，創造長期永遠的獲利。

巴菲特一直不喜歡投資科技股，但最近拚命買蘋果公司的股票，不是因為它的科技創新，而是它創造了一個新的生活型態。

科技日新月異，很難長長久久。我不只一次公開說，不要以為台積電不會倒。大家聽了一定不敢相信——台積電怎麼可能倒？我當然知道這個機率非常非常低，而且如果台積電真的倒了，台灣可能也非常危險了。我要說的是，「理論上」台積電是會倒的。

我用另一個例子說明。以前沒有數位相機、甚至手機時，拍照要用相機，相機裡面要裝底片，底片要花錢買，拍出來的相片不管拍好拍壞，都要花錢洗出來。

當時最大的底片品牌是柯達，它在底片界的地位就像飲料界的可口可樂，誰會想到它有一天會申請破產？只因為當年沒有人想得到，現在拍照都數位化，不用花錢買底片、也不用花錢洗相片，造成柯達的產品再也賣不出去。

如果連柯達都可能面臨倒閉的情況，萬一將來有一天，半導體被另一種最新的科技取代，台積電是有可能變成柯達第二的。不過我還是要聲明，我絕對不希望台積電發生這種事。

7,000點以下，長期投資；萬點以上，波段操作

既然台股中能夠長期投資的標的都在0050的成分股裡面，那麼就買0050來長期投資，不就好了？

這就引出了下一個問題：萬點之上的0050可以長期投資嗎？我的答案是，「波段操作」還是一個比較讓人安心的做法。

我以2018年為例。2017年底的大盤指數是10642點，到了2018年底，則跌到9727點，跌幅為8.6%。

如果你用2017年底0050的收盤價82.15元買進，長期持有到2018年底，0050跌到75.5元，帳面上就虧了8.1%。不過，因為是長期持有，所以有領到兩次共2.9元的股息，所以要將2.9元加上75.5元，用78.4元來計算，這時虧損幅度降為4.6%。換句話說，以單一年度來看長期投資的績效是虧損的。

如果你採波段操作，當年9月底以前是有五次的明顯漲幅可以獲利（詳表五），而且要賺到總漲幅的一半，也就是15%，應該是不難的。怎麼賺呢？別心急，下一堂課就會教了。

當年10月之後，台股就從萬點滑落，如果你仍用下一堂課要教的紀律買進0050，當然就套牢了，帳面也會有虧損。不過，因為你9月底以前有賺到15%，將足夠彌補你在10月以後的虧損，因此2018年要維持正報酬是非常有可能的。

在萬點之上，波段操作是有機會創造、並累積幾次的獲利，然後讓你更有能力去承受高檔套牢的風險。

台股回到7000點以下，長期投資，萬點以上則波段操作。

表五

第一次	日期	2月9日	3月13日	還原股價	漲幅（%）
	最低 / 最高價	78.00	84.95		8.91
第二次	日期	5月3日	6月7日		
	最低 / 最高價	78.35	83.60		6.70
第三次（註）	日期	6月28日	8月8日		
	最低 / 最高價	79.80	86.40	87.10	9.15
第四次	日期	8月16日	8月30日		
	最低 / 最高價	83.05	88.35		6.38
第五次	日期	9月13日	9月27日		
	最低 / 最高價	84.90	87.65		3.24
合計					34.38

註：該期間曾除息 0.7 元，故須還原之。

在這個區間內，則可以部分長期投資，部分波段操作，進可攻退可守。

施老師畫重點

第一、台股能長期投資的標的，應該都在「0050」的成分股裡面。

第二、除非是7,000點以下，否則波段操作會比較安心。

Lesson 19

買賣股票，
就是這12個字

買賣股票，其實只要熟記 12 個字。也就是說，根本不必去上幾十個小時的投資理財課？真的這麼簡單嗎？我願意斬釘截鐵的說，這是真的。只要把這 12 個字演練到爐火純青，真的就夠了。

哪 12 個字？就是「K<20，買；K>80，賣」。

這堂課要講的，可能是這一系列課程中最專業的術語了。

這裡的 K，指的是很多投資人會參考的一種 KD 指標裡的 K 值。技術分析用的指標非常多，這是其中比較簡單又容易懂的一種。或許有很多人已經懂了，但也有一些人可能不大了解，我先簡單說明。

KD 指標的正式名稱是「隨機指標」，包含 K 值和 D 值，它們永遠介於 0 ～ 100 之間。數值愈低，代表股價在相對低檔，如果低於 20 以下，從低點反彈的機會就會增加。相反的，數值愈高，代表股價在相對高檔，如果高於 80 以上，從高點反轉的機會相對也會增加。

這就是我的 12 字口訣。但是，不是還有 D 值嗎？為什麼我的口訣裡只有 K，沒有 D ？這個問題，我稍後會再說明。

我先教大家怎麼看 K 值。請各位閱讀文字時，同時打開電腦操作，才容易懂。

請從 Yahoo 首頁點選「股市」，然後就會進入股市的頁面。接著，請點選中間一排選項中的「大盤」，下一頁會出現三個選項「大盤走勢」、「技術分析」、「店頭市場」。請你再點選中間的「技術分析」，就會看到大盤指數的技術線圖。

在技術線圖的左上角，有兩個選項，一個是「日線」，不要動它，另一個是「成交量」，請把它旁邊的捲軸往下拉，選下一個「KD，J」，就可以在技術線圖的下方看到 KD 值的變化，也會在左下角看到 K9 的數字，這就是我說的 K 值（15.29）（見圖五）。

圖五　如何看大盤日 K 值

每天的K值不會一樣，所以把每天的K值連起來，就會看到它的趨勢，Yahoo的這條線是藍色的。不管你上的是哪一個股票網站，K值算出來的答案都一樣，所以不用擔心。

那麼，K後面為什麼有個「9」？這是計算公式中的參數，一般習慣用9，你改成任何數字都可以，但就很難跟其他投資人討論了。

K9的旁邊就是D9。我先說明K和D的關係。

同時看著K值和D值，就可以看到兩者的相對位置，這樣才能對後續的漲勢或跌勢進行確認。

K值的藍線如果從低檔往上，穿越了代表D值的橘線，就代表「漲勢確立」，理論上來說，這時候才應該買進。相反的，K值的藍線如果從高檔向下，跌破了D值的橘線，就代表「跌勢確立」，這時候才應該賣出。只要K值的藍線還沒有穿越或跌破D值的橘線，你就不用急著買賣。

接著我要說明，為什麼我只看K值而不看D值？因為等到K值和D值的相關位置確定漲勢或跌勢之後，你才進出的話，可能上漲或下跌的空間已經不大。換句話說，就算有賺也賺不多了。所以，乾脆在低檔就勇敢的買，在高檔就灑脫的賣。

各位有沒有發現，我的口訣沒有提到「絕對」的價格。

一般理財專家都會建議你，應該在「多少錢買進，多少錢賣出」，但是股票有 1,600 多檔之多，每支股票的進出價格都不一樣，怎麼可能對所有的股票做個別的建議？

所以我用的是「相對」的區間，而不是「絕對」的價格。例如說，台積電一股都 200 多元，如果有專家建議 100 元以下買進，你可能等到頭髮都白了還等不到。

大盤日K<20，買；大盤日K>80，賣

可能有認真的讀者會提出疑問：老師在 Lesson16 不是說過，個股因為一來容易受到人為操控，二來想像空間太大，所以技術分析其實根本沒有用嗎？沒有錯，所以這個口訣只能用在 0050 的操作上，才能真正發揮作用，其他個股就不一定管用了。

這是因為大盤不像個股，大盤很難受人為操控，而「0050」又跟大盤走勢幾乎一樣，也就沒有任何想像空間，可以看大盤的 K 值來進出。

為了讓口訣更精確，我要再加上幾個字，那就是「大盤日 K<20，買；大盤日 K>80，賣」。我加了兩個關鍵字，一個是「大盤」，一個是「日」。

為什麼是看大盤的 K 值，而不是 0050 的 K 值呢？其實兩者的數字差不多，但我習慣看大盤的 K 值。因為 0050 除息那一天，K 值會明顯下跌，與大盤 K 值出現較大的差異，但 0050 的 50 支成分股不會集中在同一天除權息，所以大盤的 K 值不會在某一天出現極度異常的情形。

常用的 K 值其實不只是「日 K」(也就是每天的 K 值)，還有很多選項，包括週線、月線、5 分線、10 分線和 30 分線。如果把口訣改成「大盤週 K<20，買；大盤週 K>80，賣」，可能一年只有一次進出的機會；改成「大盤月 K<20，買；大盤月 K>80，賣」，或許五年才來一次。

因為週 K 和月 K 都沒有日 K 靈敏，所以我才用日 K。如果日 K、週 K、月 K 同時都小於 20，當然就是千載難逢的買進時機了。

週 K 和月 K 不靈敏，但 5 分 K、10 分 K，還有 30 分 K 又太靈敏，這是玩期貨的人要在盤中殺進殺出時才需要看的。大家應該都還在上班，所以就別在上班時間分心了吧！就算你已經退休，也不該把早上寶貴的時間都拿來看盤。

這套做法說給任何股市老手聽，他們一定覺得非常合理，唯一的疑慮就是它根本違反人性。

日 K 會小於 20，一定是因為很多利空消息造成的。大家在這時候一定非常擔心，很怕繼續跌下去。台股在 2017 年 5 月站上萬點之後，每次大跌（也就是每次日 K 小於 20）的時候，大家都認為一定會跌破萬點，所以大部分的投資人都不敢在這時候進場。

那麼，現在就要每天注意大盤日 K 小於 20 了嗎？當然不用。除非真的大崩盤，否則大盤要跌到 20 以下，通常都要好幾個星期。所以當你在日 K 大於 80 賣完之後，就可以休息一陣子不必看盤。

依據我這幾年的觀察，一年大概有三到四次的機會，所以真的不必每天看。如果你真的不放心，那就每天睡前上個網，看看當天日 K 是多少，也就夠了。若有一天你看到日 K 小於 20 了，隔天再買應該都來得及，因為 0050 的股價不會突然大漲。如果你看到日 K 大於 80 的話，也可以隔天再決定要不要賣，因為它也不會突然大跌。

這個指標當天就可以看到，完全不需要事後看圖說故事。各位如果去看大盤技術線圖就可以發現，大盤低點的時候，日 K 真的都在 20 附近，大盤高點的時候，日 K 真的就在 80 附近。以下就舉 2018 年依紀律買賣的一個實例，向大家說明：

圖六　大盤日 K<20

圖七　大盤日 K>80

圖八　0050 日 K<20

圖九　0050 日 K>80

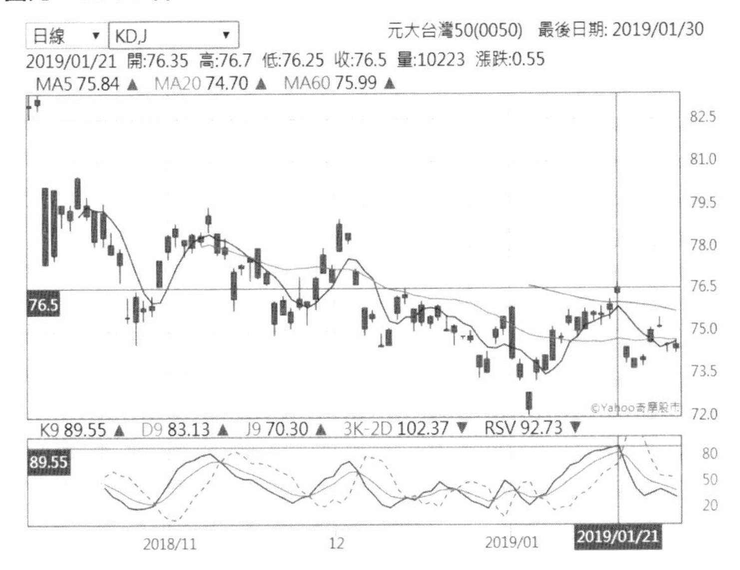

2018 年 12 月 26 日，大盤日 K 來到 15.51，也就是日 K 已經小於 20，出現買點了。當時指數是 9478 點，見第 186 頁的圖六。雖然五天後才出現此波最低點，但 9478 點已經可以算是當時的相對低點了。

到了 2019 年 1 月 21 日，大盤日 K 來到此波最高值 91.58，也就是日 K 已經大於 80，出現賣點了。當時指數是 9889 點，見第 186 頁的圖七。與 2018 年 12 月 26 日相較，已經漲了 411 點，漲幅為 4.3%。雖然 1 月 15 日的日 K 已經大於 80，但當天指數也來到相對高點的 9806 點，漲了 328 點，漲幅為 3.7%，依然是有掌握到此波上漲的機會。

同一期間的 0050，則從 73.55 元漲到了 76.5 元，漲幅為 4%，請見第 187 頁的圖八和圖九。依此紀律或許報酬率不高，但求安心獲利而已。不過，一年若有四五次獲利機會，累積起來至少 10 ～ 15%。

空頭市場口訣修正為「日K<10，買；日K>70，賣」

不過，大家絕對不能期望這個方法萬無一失、百分之百正確。我從 2008 年一路操作下來，只有在 2015 年和 2018 年各被套牢過一次。那是因為當時是一路下跌的空頭市場走勢，所以很難碰到日 K 大於 80 讓我賣的機會。

從套牢的經驗中，我學到了教訓，那就是日後如果碰到空頭市場這種特殊狀況，口訣必須修正成「日 K<10，買；日 K>70，賣」，甚至「日 K>60，就要賣」了。

那麼，如何判斷進入空頭市場？當大盤跌破季線超過一個月，幾乎就可以確定股市未來只會跌了。日後所有的上漲，都只是短期的反彈，不能期待它會重回一路上漲的走勢。只有等到大盤又站上季線超過一個月，才能確定多頭市場回來了。

那要怎麼看季線呢？看 K 值的同時，技術線圖上方有一條綠線，那就是季線。除此之外，MA60 後面的數字，就是當天季線的指數位置。請注意，季線每天都是不一樣的喔！

施老師畫重點

第一、只有 0050 可以準確使用這個 12 字口訣。

第二、再複習一次這個口訣：大盤日 K<20，買；大盤日 K>80，賣。

Lesson 20

買股票一定要先有「大不了套牢」的準備

我曾在上一堂課提醒大家，絕對不能期望那個口訣可以萬無一失、百分之百正確。你一定想問：「既然不是萬無一失的方法，萬一套牢了，怎麼辦？」這堂課要講的就是「買股票一定要先有大不了套牢的準備」，我也會分享我 2015 年套牢 300 張 0050 的故事給大家聽。

樂活套牢術

我可能是第一個、甚至可能是最後一個敢承認自己套牢的所謂的「理財專家」。我不只承認套牢，還發展出了一套「樂活套牢術」。

在分享這個經驗之前，我想先給大家一個心理建設。有人說：「投資最大的風險，就是不進場。」不進場，一定不會賠錢，但也絕對不會賺到錢。只要進場，就要做好套牢的準備。沒有這種心理準備，你就不敢進場。

不怕套牢，你才有可能賺錢。但是誰不怕套牢呢？原來我也怕套牢，也以為自己有能力不會套牢，不過自從有了 2015 年的套牢經驗之後，我就從此再也不怕套牢了。

2015 那年，有三次日 K 小於 20 的機會，我都照這個方法買進。但事後來看，當年是一個典型的空頭走勢。有一次的反彈曾出現日 K 大於 80 的情形，但是股價並沒有比我當初買進的價格來得高，如果我賣了，就會賠錢。另外兩次的日 K 反彈，根本都沒有大於 80，甚至只到 60 就回檔了。所以我還是沒有機會賣，最後就套牢了 300 張 0050。

我那時候買進一張 0050 的平均成本是 66 元，總投入資金大概在 2,000 萬元左右，幾乎把家裡的錢都用光了。當年的 8 月 24 日還爆發了股災，大盤指數跌到 7,200 點附近，0050 也跌到 55 元左右，雖是大好的買進時機，但我已經沒錢可以進場了。

我記得當時太太還唸我：「你不是說 0050 最穩當了，怎麼也會賠這麼多？」我當場也很難過，好像又回到 2008 年的那場午覺。不過，我又突然想通了一個道理。

當時，我的三個子女都已經大學畢業，也都在上班，我和太太已經不再需要花錢養孩子了。而我們住的房子是自己的，房貸早就還完，加上保險都已經買夠了，所以我問太太：「你覺得 5 萬元夠不夠我們一個月的生活費？」

她說：「應該夠吧！只是短期之內就不能出國去玩了。」

我說：「如果你也認為沒問題，我就一個月賣一張 0050，而且我用每股 50 元來賣，夠保守吧！這樣我們一個月就有 5 萬元，應該夠我們兩個人過日子了。一個月賣 1 張，一年可以賣 12 張，300 張夠我們賣 25 年，賣完的時候，我們都 80 歲了。而且我想，我們不會這麼衰吧？過幾年，應該就可以解套了。」

我太太聽完，還是有疑慮。她說：「這根本是坐吃山空，萬一賣完了，我們還沒走呢？而且用 50 元賣 300 張，只能拿回 1,500 萬元，還是賠了 500 萬元啊！」

我說：「是賠 500 萬元沒有錯，但也只有這樣才能繼續過下去呀！不過，你還忘了算我們每年可以從 0050 領到的股息。假設每年至少能維持每股 2 元的配息水準，今年我們就可以領到 60 萬元的股息，然後……」

我趕快打開電腦，用 Excel 繼續算下去。「因為每年會少 12 張，所以股息當然會愈領愈少，然後假設每年每股還是能配 2 元，那麼到了 25 年後全部賣光時，股息累計總共會有 760 萬元（見表六），應該夠我們繼續活下去吧？」

我的計畫是，把賣掉股票的錢拿來過日子，然後把配到的股息存起來，這樣就不必再擔心了。她聽完才終於釋懷了。

我接著說：「我要把這套方法叫做『樂活套牢術』。如果套牢都還能樂活，那麼套牢又有什麼好怕的？」不過，我的「樂活套牢術」才執行不到一年，就全部解套了。

表六　樂活套牢 25 年

年齡	賣出張數	取得價金	領取股息	合計所得	生活費	結餘
56	4	20 萬	60 萬	80 萬	20 萬	60 萬
57	12	60 萬	58 萬	118 萬	60 萬	58 萬
58-60	36	180 萬	158 萬	332 萬	180 萬	158 萬
61-70	120	600 萬	372 萬	972 萬	600 萬	372 萬
71-80	120	600 萬	132 萬	732 萬	600 萬	132 萬
81	8	40 萬	0	40 萬	60 萬	負 20 萬
合計	300	1500 萬	780 萬	2280 萬	1520 萬	760 萬

符合兩個條件的個股，才能「樂活套牢」

這次套牢之後，我在每一場演講的簡報檔中，都會有一張圖表，上面只寫了五個斗大的字「大不了套牢」。

不過，分享完這個故事之後我都會提醒大家：「套 300 張不要怕，但套 3 張要怕，因為說不定你賣完 3 張還等不到配息，也可能等不到解套。」說完，全場哄堂大笑。

有一次，有個大嬸聽完之後，站起來除了表達深有同感之外，還加碼建議大家：「我要把存款統統轉成 0050，這樣就再也不會被詐騙集團騙了。因為我如果真的相信他的話，還得跟他拜託，讓我賣 0050，才能在兩天後給他錢，騙子一定會立刻掛電話。」這雖然是玩笑話，但好像也是可行的。

這次套牢經驗給我最大的教訓就是，一定要留一些生活費，不然要靠變賣股票來過日子，壓力一定會很大。

是不是所有的個股都能「樂活套牢」呢？當然不是。因為它必須符合兩個條件：一是每年都能配發穩定的股息，二是絕對不會下市變壁紙。

我曾經在前面幾堂課提到，0050 的每一支個股既然大致都具備了長期投資的條件，應該也可以做為「樂活套牢」的標的。不過，我覺得這 50 支個股單獨拿來樂活套牢，還是沒有 0050 來得穩當，因為個股還是有它本身經營和所屬的產業的風險，但 0050 是一種涵蓋了電子、金融、傳產三大產業主軸的投資組合，絕不可能同時進入產業循環的谷底，因此可以做到風險的極度分散，相對讓人更安心。

情願套在指數，也好過套在個股

除此之外，我認為一般「個股」解套的機會還是比「指數」小很多。舉例來說，國泰金控的前身叫做國泰人壽，它在 1990 年台股最高點 12,682 點的時候，也來到了歷史最高價 1,975 元，現在國泰金控一股只剩下 50 元左右，它要漲三十幾倍，才會回到歷史最高價，我想，我這輩子大概是看不到了。

然而，金融海嘯時，台股大盤指數最低來到了 3,955 點，要漲回歷史最高點 12,682 點，只要漲三倍就回去了。

從這個例子可以得到兩個結論：

第一、情願套在指數上，也好過套在個股上。既然 0050 和指數有高度的連動性，所以 0050 解套的機會也比絕大部分的個股高。換句話說，0050 比一般個股更有樂活套牢的條件。

第二、千元以上的股票，還是避免套牢比較好。以大立光為例，一度來到 6,000 元以上，如果用這麼貴的股價買進，恐怕並不適合長期投資，而且應該也很難具備樂活套牢的條件。

有一次，我到一所大學的財經系演講。講完之後，有學生問我：「老師告訴我們，投資股票一定要設好停損點，但為什麼你說不必停損？」

我回答他：「你們老師和我說的都對，因為絕大多數的個股一旦跌了 10 ～ 15%，一定要停損，唯有 0050 不必停損。」

一般個股情願停損，也不該攤平

一般個股情願停損，也不該攤平。因為你不斷用低價買進，想要攤平你的成本，但到了最後，大部分的情形都是攤到躺平。

雖然我認為 0050 可以樂活套牢，可以不必停損，但如果你不希望苦苦等待解套，當然也可以採取停損的方式。就像有一個網友留言給我，說他已經用我的方法賺了 10 幾次，如果最後一次買在高檔套牢，他一定會停損，因為結算下來還是賺很大，他不希望像我一樣，一個月賣一張過日子。

還記得我在「看電影學理財」那堂課提到《無間道》這部電影嗎？裡面有一句非常著名的台詞「出來混，遲早要還的」。如果說「出來混」，指的是每次日 K<20 都進場買 0050，那麼「遲早要還的」，意思就是最後一定會套牢，或是一定要停損。整句話的意思就是「出來混、買股票，一定要先有大不了套牢、遲早要還的準備」。

施老師畫重點

第一、只有「0050」有資格樂活套牢。
第二、一般個股萬一高檔套牢，只要跌了 10 ～ 15%，請一定要停損。

Lesson 21

買賣股票，
紀律比判斷重要

如果上這堂課的時候，台股指數還在萬點以上，你應該會想問：「現在指數這麼高了，該進場嗎？ 12 字口訣還有效嗎？」

其實，就算指數跌到 5,000 點，你還是會這樣問。因為大家永遠都在判斷現在指數是不是很低了，還會不會繼續跌？

在我認為，12 字口訣就是大家都可以遵守的「紀律」，而指數究竟是高是低，因為大家的看法不一樣，所以「判斷」也都不一樣。

股票投資說穿了，只有三招，那就是「判斷」、「紀律」和「人性」。

什麼是判斷？就是用你的大腦去分析蒐集到的資訊，然後做出正確的決定。

什麼是紀律？就是不用大腦，該買就買，該賣就賣。

什麼是人性？一開始用大腦，最後無法做任何的判斷，就完全憑自己的感覺做決定了。

絕大多數的投資人都認為，買賣股票之前當然應該先做判斷。要判斷國內外政經情勢的發展，究竟是有利於投資，還是不利於投資？要判斷個別公司未來的成長前景，究竟是該買，還是該賣？要判斷各項技術指標，是現在買，還是等幾天再買？是現在賣，還是等幾天再賣？

在不知如何判斷的時候，大家都習慣從報章雜誌或電視廣播中，先聽聽專家怎麼說。不過說也奇怪，這些專家的看法從來沒有一次相同過，有的人看多，也有的人看空。

最取巧的說法，就是用機率做預測

關於這種情況，有一句話形容得非常貼切：「十個經濟學家可能有十一種看法」。最諷刺的是，因為這些專家怕說錯，還會講得模稜兩可，好像兩種看法可以同時存在。所以就算你聽完了，一定還是一個頭兩個大。到頭來，還是要自己判斷。

這時候，你其實不是判斷國內外經濟情勢或個別公司的情況，而是在判斷要相信哪一位專家的看法。買了股票，你就會相信看多的專家。手上沒有股票或甚至放空股票，你就會相信看空的專家。這根本不是判斷，只是讓自己安心。

曾經有網友問我：「小英當選總統，股票不是應該要跌嗎？」我回答他：「誰說應該要跌？」一般投資人都認為，民進黨上台，兩岸關係一定會變得比較緊張，經濟發展一定會受影響，所以股市一定會跌。兩岸關係確實緊張了，經濟發展也確實受影響，但好像影響的程度沒有想像中來得大，而股市卻不跌反漲。

國民黨執政，大家以為股市一定會好，結果就算有萬點，也是曇花一現。民進黨執政，大家以為股市一定會壞，結果不只上了萬點，還創下了史上最長的萬點行情。大家只好認為是自己判斷錯誤，怨不得人，但我卻認為，如果不判斷就不會出錯。

說完了台灣的例子，我們來看國際局勢。2016 年英國脫歐、川普當選美國總統，幾乎所有的投資專家都當成利空在解讀，甚至擔心會再來一次金融海嘯。結果呢？全球股市不跌反漲，迎來了更強勁的大多頭行情。

投資專家最取巧的說法，就是用機率做預測。比如，大家常常聽到他們說「大盤上漲的機率應該會大於下跌的機率」，他沒有把話說死，反正上漲或下跌都有可能。

如果你聽他說「上漲的機率大」，就去買進股票，結果慘遭套牢，也不能說專家的分析是錯的。因為一來他又沒說百分之百會上漲，二來就算上漲，也可能是你選錯了個股，還是只能怪自己判斷錯誤。

真實人生的機率永遠是 0 或 100，不會有中間的數字。

技術指標沒有判斷的問題

判斷真的很難，所以它值得高報酬的回饋。賺大錢的人，真的很會判斷嗎？別傻了，他只是比你多了一條「內線」。

沒有內線的你，怎麼辦？只有遵守「紀律」一途。紀律的依據，就是很多投資人都相當熟悉的「技術指標」。

技術指標沒有判斷的問題。它已經夠低了，就是可以買進的時機。它太高了，就是該賣的時候了。股票市場永遠反應在事情發生之前，當事情真正發生的時候，股市早就完全反應過了。

「日 K<20，買；日 K>80，賣」就是我說的「紀律」，這裡我就不重複了，我只想跟大家強調三點。

第一，這 12 字口訣適合股市在任何的點位，不論是 10,000 點還是 5,000 點。因為任何時候都會出現相對低檔和相對高檔，讓你有價差可以賺。不過，如果有機會回到 5,000 點，或許你在「日 K<20」買進後，就抱牢做長期投資，會賺得更多。

第二，這 12 字口訣仍然只適合用在 0050 的操作上。因為它和大盤高度連動，而大盤幾乎不可能被人為操控，所以大盤的技術指標就有很高的參考性。

第三，因為不做任何判斷，所以總有一天會買在高檔而套牢，你可以選擇套牢領股息，也可以選擇停損出場。就算要停損，應該虧損的情形也會比絕大多數的個股要小很多。如果一直擔心「總有一天套牢」而不敢進場，那就永遠不會賺到錢。

就算紀律這麼清楚明白，大家還是喜歡加上判斷。這裡分享幾個網友在我臉書粉絲專頁「樂活分享人生」中的留言給大家參考。

★ A 網友說，他要先觀察幾次，這樣會比較有信心。

我認為他的做法很好，觀察幾次再決定，但希望大家不要「永遠」都在觀察。

★ B 網友說，每次都不敢買，因為每次都想「會不會跌到 K<10」，結果就一再錯失機會。

很多人看到大跌，就會開始判斷，然後認為股市要進入空頭市場了，就自動改用空頭市場的操作策略「日 K<10，買」，結果就買不到了。「紀律」加進「判斷」的成分，就不是「紀律」了。

★ C 網友說，他昨天買了一張 0050，今天看它漲得太快就出場了，小賺 1.1 元。他說，進場紀律他大致還可以掌握，但對於出場的紀律，他還是克服不了「該賺沒賺到手、卻又跌回去」的恐懼。

C 網友雖然還是有賺，但真的太膽小了。只要買得夠低，就別怕；萬一真的沒賺到又跌回去，趕快在跌到成本時再賣，至少不會賠錢。

★ D 網友說，他深怕日 K 不會小於 20，所以在 25 的時候就買了，雖然買貴了點，但總比沒買好。

他雖然有判斷，但至少是遵守紀律的。我常說，「買得到」比「買得低」更重要，因為沒有人能預測低點。如果因為堅持一定要最低價才買，結果可能是一張都買不到。請記得，少賺總比不賺好。

買賣股票，一定要把人性放一邊

最糟糕的一招，就是用「人性」來買賣股票，但這卻是絕大多數投資人的通病。

人性有三大弱點：「貪婪」、「恐懼」和「僥倖」。漲的時候貪婪，想要賺更多，不知道風險已經悄悄來臨。跌的時候恐懼，想等更低點才進場，結果股價反彈後，就一路不回頭了。人為什麼會貪婪和恐懼？正因為個股充滿了想像空間。

最糟糕的就是「僥倖」了。看到有一支股票一路上漲，就不管三七二十一去買，以為就算股價已經很高，只要隔天有漲，就一樣可以賺到錢。這不叫僥倖，什麼才叫僥倖？

而且買進之後，大家都認為自己不會那麼衰，就是那最後一隻老鼠吧？很不幸，常常你就真的是那最後一隻老鼠。

買賣股票一定要把人性放一邊，但真的很難。因為人性難違，所以 90% 的投資人都賠錢。只有遵守紀律，才能放下人性。如果不需要判斷，只要遵守紀律，就不用再聽理財專家說什麼了，不是嗎？

最後，我用 0050 來解釋「判斷」、「紀律」和「人性」。

很多投資人都知道 0050 是很好的投資標的，但因為判斷指數已經在高點，所以就認為 0050 太貴了。

雖然大家判斷指數太高了，但還是想買股票，就是因為人性中貪圖僥倖的心理，想說有些個股不管指數是高還是低，都有可能上漲，所以情願用人性買股票，也不願意用紀律買 0050。

施老師畫重點

第一、判斷太難了，別期望自己會判斷正確。
第二、遵守紀律，才能放下人性中的貪婪、恐懼和僥倖。

Lesson 22

好好工作，傻傻存錢，然後就買……

這堂課我們要講的是另一種紀律：「好好工作，傻傻存錢，然後就買某一支股。」

買哪一支股呢？我直接告訴大家答案吧！「然後就買0056」。

我在前面幾堂課主要談的是0050，它真的是台股目前最有代表性的ETF，但對小資男女來說有個很大的缺點，那就是太貴了。這堂課我要聚焦在0056，因為買一張0050可以買三張0056。存到兩萬多元，就可以買一張0056。

不過，我想先跟大家談人生，談完之後再談投資建議。

正餐讓你吃得飽，附餐帶來滿足感

我和絕大多數的理財專家不一樣，他們標榜的是，只要上了他們的課、看了他們的書，再加上認真的學習和努力，就可以早日財務自由，不必再上班了，但是我主張「工作是正餐，投資是附餐」。

上完這一系列的課程，你一定可以用很安心的方法賺到一些錢，但也一定還是買不起豪宅、買不起超跑，更不可能在短期間之內就財務自由。

大家應該都到平價西餐廳吃過飯，一般會先點一客正餐，然後看看是不是要加點附餐。例如，加 A 餐 50 元，有濃湯和沙拉，加 B 餐 100 元，除了前面兩樣之外，還有甜點和飲品。我認為有一份「工作」，才有穩定的收入，就是「正餐」，可以讓我們吃飽。「投資」只是讓我們有額外的滿足感，充其量只能把它視為「附餐」。

你覺得喝湯和沙拉就吃得飽嗎？很多人想靠投資取代工作，或許一開始真的可行，但別忘了那句老話：「不可能天天過年」，千萬不要高估你的投資能力，也不要低估了你的工作能力。

你可能會反駁我：「如果我懂了投資的知識和技巧，還要朝九晚五幹什麼？還要一直看老闆的臉色嗎？」但是，了解投資的知識和技巧，不保證你賺得到錢。

我相信你也認同這點，但你可能還是會反駁我，只要自己很努力學習，就可以賺到錢。不過，我要潑大家一盆冷水，「一分耕耘，一分收穫」在投資的學習上，是不成立的。很多人花了非常多的時間和精力去學習和研究投資，最後還不是照樣賠錢？但是「一分耕耘，一分收穫」用在工作上，就是一定成立的。

工作表現好，就容易得到升遷、加薪的機會，也容易被競爭者挖角，加薪幅度會更大。千萬不要以為投資比較好賺，甚至在上班時間偷偷買賣股票。老闆都不是笨蛋，同事也可能告密，再加上工作心不在焉，我就不相信下次升遷會輪到你。

投資的成本是金錢，工作的成本是時間，請問你：是賠了錢會心疼，還是花了時間會心疼？所以這堂課的前四個字就是「好好工作」。

不要想太多，存了就去買

接著我要來談「傻傻存錢」。

「存錢」這件事，我在 Lesson 8 談過，就不重複了。我想簡單談一下「傻傻」這兩個字，意思就是「不要想太多」，就努力把錢存下來，不是存定存，而是存活存。

活存幾乎沒有利息，但我也不是要你賺利息。只要存到兩萬多元，就去買一張 0056，不用管價格。

0056 這幾年的配息大概都在 1 元左右，甚至 2018 年還配了 1.45 元，所以我對 0056 的投資建議非常簡單，就是「隨時都可買，買了忘記它」。不要懷疑，真的隨時都可買。

以 0056 在 2017 到 2018 年的股價區間來看，都在 23 到 27 元之間。既然如此，可能很多人都希望買在 23 元，但我卻要說，想要買在 23 元的風險，比直接買在 27 元的風險高。

你可能覺得奇怪：應該是買的價格愈高，風險才愈高啊？但是，如果你願意用 27 元買進，就確定每年都可以賺到 1 元股息；如果你非要用 23 元買不可，或許等好幾年都等不到，然後一定會忍不住就跑去買個股，但這樣做，賠錢的機會可能更大。

我用找停車位做比喻。你去餐廳吃飯，除非餐廳承諾保留車位給你，否則就一定要在路邊找。如果在路邊看到一個空出來的停車位，算算走到餐廳大概需要 5 分鐘，我相信你一定會馬上停進去；這就好像用 27 元買 0056。如果你一定要在餐廳門口停車，就是想用 23 元買 0056，等你開到餐廳門口，發現還是沒有位置，再開回剛剛那個路邊停車位，結果發現已經被別人停走了，那就好像 0056 已經漲到 30 元了。

存到兩萬多元就買一張，其實非常類似定期定額買基金。或許你一開始買在 27 元，覺得買貴了，但長期買下來一定會有高價、也會有低價，就不覺得吃虧了。

忘了它，才不會成天想賺價差

建議你把第一張買進的 0056 當做「門票」，這樣你才會去關心它。就算你沒有一定要買在最低點 23 元，還是設下標準，要 25 元才買，但萬一你等了一、兩個月都等不到呢？你可能就懶得再去注意，結果永遠都不會買下第一張 0056 了。

為什麼要「買了忘記它」呢？這又回到我一開始的建議，因為這樣做，你才能「好好工作」。

忘了股價，你才不會成天想賺價差，也才能把時間和精力拿去認真工作。除此之外，0056 的股價波動很小，我們稱這種股票叫「股性牛皮」，非常不容易賺價差。既然如此，那就忘了它吧！

或許有人會問：很多金融股的價格和 0056 差不多，但它們都可以配到一塊多的股息，殖利率比 0056 好多了，拿金融股來存股領股息，是不是也是一種好方法？

這點我同意，但我為什麼還是比較建議存 0056 呢？因為個別股票還是會發生突如其來的利空，一旦發生了，你可能因為擔心而影響到工作。0056 有 30 支成分股，就算突然有一支發生重大利空，還有其他 29 支保護，相對安心多了。

0056 因為風險更低，能期望的報酬率當然不可能高。除此之外，買 0056 不必自己選股，買個股當然要花時間挑選，所以買 0056 是相對輕鬆的方法。不過，0056 在 2018 年每股配發 1.45 元的股息，換算股息殖利率超過 5%，創下它這幾年配息的新高紀錄，已經和很多金融股差不多了。

買其他ETF要考慮哪些因素？

小資男女的資金應該都比較少，所以每股二、三十元的價位會比較有吸引力。除了 0056，還有沒有其他也比較便宜的 ETF 呢？當然有，但並不是所有的 ETF 都能買，還要考慮幾個因素。

第一、成交量不能太小。否則一來買賣很難成交；二來價格的形成很難有效率。說不定你用市價買，會買到漲停板。ETF 一般都不會大漲，買在漲停板的話幾乎比其他人貴 10%，就真的很難解套了。

第二、一定要有股息。ETF 萬一套牢，如果還有股息領，至少不必太擔心。現在有很多衍生性的 ETF（就是那些正向 2 倍或反向 1 倍，這稍微有點複雜，我下一堂課會說明），因為不會發股息，所以絕對不可以長期投資。

第三、不懂的市場，就不要買它們的 ETF。舉例來說，最近很多人把 ETF 當個股在操作，認為台股在高檔，所以就不敢買，然後認為中國股市已經在谷底很久了，以為一定會反彈，所以紛紛搶進。結果台股繼續漲，陸股就是不會漲，然後就套牢了。

現在台股也有連結美國股市的 ETF，但並不適合買，因為交易時間完全不同。如果買了這些 ETF，萬一美國股市大跌，你只好眼睜睜看著隔天開盤大跌，完全沒辦法在盤中立刻應變。現在還有很多商品型 ETF，這更不是一般投資人容易理解的，所以最好也別碰。

施老師畫重點

第一、工作是正餐，投資是附餐。
第二、0056 隨時都可買，買了忘記它。

Lesson 23

千萬不要相信
你有能力以小搏大

很多理財專家都建議，小資男女可以進行期貨、選擇權或權證的交易，因為需要的資金都不多，有的甚至5元就可以進場，還有一個最吸引人的優點，那就是可以「以小搏大」。

真的可以嗎？我的看法和這些專家不同，我認為「千萬不要相信你有能力以小搏大」。

其實，我希望大家別上這堂課，對大家可能更好。不過，雖然我真心希望大家「不要懂期貨，不要學期貨」，但是完全不講期貨、選擇權、權證也不應該，因為這還是要由你自己來決定。

期貨交易絕對是投機的行為。它每個月都有結算日，選擇權甚至每星期都結算一次，而且不像很多股票一樣每年配息，所以絕對不可能拿來長期投資。期貨是零和遊戲，意思就是有人賺錢，就一定有人賠錢，股票還不至於這麼殘忍。

選擇權買方是「風險有限，獲利無限」

首先，我來解釋一下什麼是「期貨」？簡單來說，就是判斷指數會漲還是會跌。判斷對的話，一點可以賺200元，100點就可以賺2萬元，真好賺！但是如果判斷錯誤，當然就是賠200元，也就是賠2萬元了。

期貨的單位叫「口」，如果是 10 口的話，賺賠就是 20 萬元。請千萬不要只想到「賺錢」，萬一賠錢呢？

又為什麼說期貨是「以小搏大」呢？因為你只要按照期貨公司的規定，繳交一些保證金，一口只要幾萬元就可以進場了。如果你判斷正確，假設你是看漲，結果真的漲了 500 點，一口就賺了 10 萬元，當然是以小搏大。

相反的，如果你判斷錯誤，假設跌了 200 點，已經跌破期貨公司所謂的「維持保證金」的水位，你又無法把錢及時補足的話，期貨公司就有權利在盤中幫你平倉，你就會立刻損失 200 點，也就是 4 萬元。就算之後反彈，沒有跌那麼多，也沒有用了。

上面講的期貨叫「大台指」，現在也有一種叫「小台指」，賺賠和保證金只有大台指的四分之一，就更吸引小資男女了。

玩一口期貨需要先存幾萬元的保證金，或許有些小資男女還負擔不起，所以期貨公司又發明了進入門檻更低的「選擇權」，甚至只要 5 元就能開始玩。這才是真正的「以小搏大」嘛！

什麼叫「選擇權」？就是你只要付少少的權利金，去猜指數會漲或會跌到幾點，猜對就賺錢，猜錯也只是損失所有的權利金，可以說「風險有限，獲利無限」，難怪那麼吸引小資男女。

期貨是一點一點的算賺賠，選擇權則是一百點一百點的算。比如說，現在是指數是 10,500 點，如果投資人 A 判斷會漲到 10,600 點，因為機會很大，權利金就很貴，可能要 150 點，每一點是 50 元，所以要花 7,500 元去買這個「買權」。另外有個投資人 B 則判斷會跌到 10,000 點，因為看來機會不大，權利金可能只要 10 點，所以只要花 500 元就可以買這個「賣權」了。

如果股市真的從 10,500 點往上漲，A 買的買權就會漲，他就可以賣掉賺錢。那麼 B 呢？因為離 10,000 點愈來愈遠，他買的賣權就會一直跌，但最大的可能虧損，就只有他當初付的權利金 500 元。簡單來說，相信會漲的人買「買權」，一般人說「buy call」；相信會跌的人買「賣權」，一般人說「buy put」。做買方可以說是「風險有限，獲利無限」。

選擇權賣方是「獲利有限，風險無限」

有人買，當然是有人賣。假設 A 當初買的買權，是 C 賣給他的，也就是說 C 收到了 A 給的權利金。如果指數漲到 11,000

點，漲了 500 點，10,600 點的買權的權利金，很可能會漲到 700 點。C 雖然之前收了 7,500 元的權利金，但現在卻要賠 35,000 元（700 點乘以 50 元），總結就是賠了 27,500 元。

還記得投資人 B 嗎？他買的賣權是 H 賣給他的。因為指數都漲到了 11,000 點，就不可能跌到 10,000 點了，所以 H 就可以確定賺到 B 當初付的權利金 500 元。簡單來說，不相信會漲的人賣買權，一般人說「sell call」；不相信會跌的人賣賣權，一般人說「sell put」。做賣方可以說是「獲利有限，風險無限」。好繞口，是不是？

簡單下個結論：做選擇權的買方像開車，常有擦撞，但死亡率不高；做選擇權的賣方則像搭飛機，幾乎不會出意外，但只要出事保證沒命。2018 年 2 月 6 日的期貨大屠殺，做賣方的人總共賠了 40 億元。做賣方原本只想賺小錢，結果最後賠到家破人亡。

權證比期貨和選擇權更複雜，因為商品太多了。台灣證券交易所規定有些股票可以發行權證，一般來說，都是成交量比較大的大型股，例如台積電就是可以發行權證的股票。這時有看漲的「認購權證」，也有看跌的「認售權證」。不同的證券公司也各自設計了不同的「認購權證」和「認售權證」，甚至相同的證券公司也可以針對不同的股票，設計不同的「認購權證」和「認售權證」。

光是一家台積電就有幾十種權證商品，這還沒算其他股票的權證喔！所以要賺權證的錢，一定要花非常多的精力研究。每天工作就夠忙了，有必要去傷這種腦筋嗎？

一張台積電要 20 幾萬元，小資男女可能買不起，所以就去買相對便宜很多、只要幾千元權利金就能買得起的權證。

台積電漲，它的認購權證也會漲，但它有到期日。所以，快接近到期日時，如果離權證的履約價格太遠，權證價格就會跌到 0.01 元，真正到期時，則會完全歸零。除此之外，如果台積電股價不漲不跌，權證價差就會很小，其實不太好賺。

巴菲特主張長期投資，被封為「股神」；股市有另一位也非常有名、但早就過世的柯斯托蘭尼，則被封為「投機大師」。柯斯托蘭尼說過：「有錢人可以投機，錢少的人不可以投機，沒錢的人必須投機。」我認為只有第一句對，因為有錢人賠得起，其他錢少或沒錢的人千萬不可投機，因為沒有賠錢的資格。

衍生性ETF只能做短線價差，無法長期投資

最後，來談談上一堂課只講了一點點的衍生性 ETF。0050

就有兩個衍生性商品，一個叫做「台灣 50 正 2」，我把它簡稱為「正2」，另一個叫「台灣50反1」，我把它簡稱為「反1」。

大家應該都記得，大盤漲 1%，「0050」就漲 1%，大盤跌 2%，0050 就跌 2%，兩者是完全同步的。「正 2」簡單來說，就是大盤漲跌的 2 倍，大盤漲 1%，它就漲 2%，但別忘了，風險也是兩倍。當大盤跌 2% 時，它就會跌 4%。「反 1」就正好相反，大盤漲 1%，「反 1」就跌 1%，大盤跌 2%，「反 1」就漲 2%。

以前，當有些投資人認為股市已經來到高點，希望透過放空 0050 賺股市下跌的錢，結果發現很難放空。因為大部分買 0050 的投資人都用自有資金，而不是用融資，所以沒有融券額度可以給人放空。有鑑於此，元大投信在 2015 年推出了「反 1」這種反向的 ETF，讓大家可以買來賺股市下跌的錢。

2016 年蔡英文當選總統，很多人不看好台股，就拚命買「反 1」。接著，台股站上了萬點，更多人不相信能站穩，又繼續買「反 1」，結果這些人全都套牢或慘賠。如果你買「正 2」，就會賺很大，但是認為會一路漲的人相對比較少，所以真正賺到的人不多。

「正 2」和「反 1」只能做短線價差，因為它們不會配股息，而且它的全名分別是「元大台灣 50 單日正向 2 倍基金」

和「元大台灣 50 單日反向 1 倍基金」，都已經告訴大家只有「單日」有效，怎麼可以長期投資呢？

還好這些衍生性 ETF 和期貨、選擇權以及權證最大的不同，是它沒有到期日和結算日，所以就算套牢，還不會有立即賠錢的壓力，或許總有一天可以解套，但也可能沒有這麼一天。

如果上到這裡你覺得好像鴨子聽雷「霧煞煞」，我建議你不必重看，也不必認真想弄懂，這樣可能就不會去碰這些高風險的投機商品，或許反而更好。

如果各位同意「好好工作」才是人生最重要的事，那麼從事以上提到的這些交易，都必須在股市交易時間裡認真看盤才賺得到錢，恐怕就很難認真工作了。

施老師畫重點

第一、小資男女沒有從事投機交易的本錢。
第二、小資男女若想好好工作，就沒有時間好好看盤。

Lesson 24

可以退休的
三個財務條件

這堂課是我們的最後一堂課了。好好工作，然後穩健投資，當然是希望未來有個不必為錢煩惱的退休人生。那麼什麼時候可以退休呢？這堂課我就來講這個主題：「可以退休的三個財務條件」。

很多人不到 60 歲就想退休，因此先給自己訂了一個目標：在幾歲之前一定要退休，但這個想法若不配合其他的條件，其實非常不切實際。

因此，「幾歲」退休不是重點，而是你「夠資格」退休嗎？如果你符合我所提出的三個財務條件，就算只有 30 歲都可以不再工作，但如果到了 70 歲還不符合這些條件，那就只好努力保住工作，不要成天想退休。

大家第一個想到的退休條件，一定是「該有多少錢？」但我認為不是只有這個條件就可以，至少還要搭配兩項：「要有自己的房子」以及「該有的保險都買了」。

我在 Lesson 10 已經講過究竟該租房子還是買房子，這裡我只想提出一個觀點：「退休生活有必要還得為房租這種固定支出煩惱嗎？」

退休之後，任何生活開銷都可以想辦法節省，唯獨房租每個月都要付。除非你已經至少準備了 50 年的房租費用，否則就必須靠投資來賺到足夠支付每個月房租的錢。這一定會造成精神上的壓力，甚至不得不做一點投機的交易，這樣怎麼可能有好的退休生活品質呢？

除此之外，也別忘了，年紀愈大，愈沒有房東願意把房子租給你，到時候你連住的地方都沒有，怎麼辦？

退休之後，身體健康多少會起亮紅燈，絕對不如年輕力壯時，上醫院看病的次數只會多、不會少。大家雖然都有健保，但也都知道健保給付很浮濫，也都擔心健保很可能破產，所以投保醫療險、癌症險，絕對非常必要。

同時，台灣已經進入高齡化社會，未來需要長期照護的可能性會增加，長照險看來一定要保。愈晚投保當然就愈貴，所以要趁年輕時開始投保，保費相對便宜得多。

別讓退休生活太拮据，也別高估投資報酬率

最後，我們當然要來談大家最關心的問題：「該有多少錢才能退休？」這要分兩個層面綜合考量：一是你期待的生活品質，二是你對投資獲利的倚賴。

如果你對生活品質的要求很高，希望過豪奢的生活，比如說一年要 500 萬元，但又對投資獲利的倚賴很低，比如說只敢存定存，要準備的存款就要非常多。以還能活 50 年計算，至

少要有 2 億 5,000 萬元，看到這個金額，我想絕大部分的人大概都無法退休了。相反的，如果你只求衣食不缺，又希望靠投資多少賺一點生活費，當然就不必準備太多錢。

我的建議是採中庸之道，別讓退休生活過得太拮据，但也別高估自己的投資報酬率。那麼，究竟要多少才足夠呢？我先說答案：一對夫妻只要 1,100 萬元就夠了。

你一定會覺得我是不是瘋了？這樣怎麼可能夠？很多報導都說至少要 3,000 萬元，甚至還說要 1 億元才夠。如果真是這樣，大概沒什麼人敢退休了。我的看法是，如果你有自己的房子，買了足夠的保險，子女又都成年獨立了，再加上一些穩健的投資方法，根本不需要那麼多。

每個人究竟需要多少錢才能退休，這不可能、也不應該有標準答案，所以提供一個「計算公式」，比提供一個「絕對數字」更有參考性。這個公式牽涉到兩個變數：一個是對未來生活開銷的假設，另一個是對未來投資報酬率的假設。然後用「一年生活費」去除以「投資報酬率」，得出來的答案就是「應該準備多少退休金」。

以我們夫婦為例，我們有房子，貸款已經繳清，有足夠的保險，三名子女都大學畢業，也就不再有教養支出了，所以一年應該只要 50 萬元，就足夠應付基本生活開銷。其次，投資報酬率設定為 5%，對我來說應該是很容易達成的目標，對一般人應該也不難。把這兩個數字套入公式，用 50 萬元去除以 5%，就能算出答案，也就是 1,000 萬元。

但如果碰到類似 2008 年的金融海嘯，錢拿去買股票卻全都套牢了，怎麼辦？為了避免生活發生問題，多準備至少兩年的生活費會比較安心。因此，這個公式有必要略做修改，變成用「一年生活費」去除以「投資報酬率」之後，另外再加上兩年的生活費。

以我們夫婦為例，就是 1,000 萬元再加上兩年生活費，也就是 100 萬元，算出我們需要 1,100 萬元才能退休。我可以把公式再簡化，就是一年預估生活費的 22 倍。

這個數字，應該不是不可能的任務吧？我去南部演講的時候，有人說他們夫婦一年只需要 40 萬元的生活費就夠了，若是如此，想退休就只需要 880 萬元。

退休生活要先求「穩」，再求「好」

不過千萬不要把投資報酬率訂得太高，比如說訂到 10%，然後以為 600 萬元就夠了。我想這可能就太過樂觀了。退休生活一定要先求「穩」，再求「好」。

連續幾年投資績效好，真的不能保證以後都會一樣好。此外，如果到了下半年、甚至第四季，你只賺了 5%，為了達到 10% 的目標而趕進度，很可能會心存僥倖，開始追逐投機獲利，反而讓自己身陷風險。我當然不是說訂 5% 的目標就不會發生相同的情況，但至少機會相對小很多。

其實我最擔心的不是投資報酬率訂在 10%，而是完全不訂目標，認為當然應該是「愈多愈好」。如此一來，你就整天想進出股票市場，心情一定比較焦慮，進而影響到生活品質。

如果你訂了一個目標，而且是相對比較容易達成的 5%，就會耐心等到低點再進場，又因為不躁進，獲利機會當然比較大。

退休之後，錢夠用就好，千萬不要再「努力賺錢」，難道要努力留更多錢給子女花用嗎？ 2018 年鴻海股東會上，有一位 90 歲高齡的老先生在台下發言，說他買的 1,000 張鴻海，一年來已經賠了 4,000 萬元。這個新聞讓我非常震驚的地方是，這位老先生年紀都這麼大了，為什麼這麼想不開，還要努力賺錢呢？我估計他應該至少投入了 1 億 2,000 萬元的成本，假設他能活到 100 歲，這筆錢夠他一年花 1,000 萬元了。

最簡單、直接的節稅方法就是消費

退休人生，只要沒有經濟的壓力，我的理財建議就只有「開心花錢」這四個字，因為所有的花費都是打 9 折。

為什麼我說「退休之後，所有的花費都是打 9 折」呢？這要用我和太太 2014 年去地中海搭郵輪的故事來說明。當時旅行社的報價是一個人超過 25 萬元，太太覺得太貴了，捨不得去。

我跟她說：「我們這種年紀，已經直接打 9 折了。」

太太說：「旅行還有老人價嗎？」

我說：「當然沒有。不過如果我們不去，雖然可以省下 50 萬元，未來就會成為留給子女的遺產，會被國家課 10% 的遺產稅，也就是 5 萬元。不管我們要不要去搭郵輪，這 5 萬元都要繳給政府。我們雖然要花 50 萬元搭郵輪，但其中 5 萬元可以算是國家出的。」

各位聽懂了嗎？因為當時遺產稅率是 10%，所以你可以認定國家幫你出 10%，當然所有的花費都是打 9 折了。既然如此，就痛快開心的花下去吧！不花白不花。現在遺產稅率提高到 20%，但我想絕大多數的人還是適用 10% 的標準。

很多人退休之後，會想規劃節省遺產稅。最常見的節稅做法是，生前就把財產分批贈與給子女，但我非常不贊成。子女拿到財產就遺棄父母的新聞屢見不鮮，而且太早讓子女不勞而獲，絕對會害了他們。以前父母的期待是「養兒防老」，現在的主流想法卻是「養老防兒」，這真的是件非常諷刺的事。我情願讓他們繳遺產稅，也不贈與給他們。

我認為最簡單直接的節稅方法就是去消費，把它花到不必繳稅的地步，人生就真的圓滿了。

這堂課就上到這裡，這一系列的課程也要在這裡畫下句點了。最後，我用一段話來總結這門課：「理財的起點是存錢，過程是投資，最後則是花錢。」

施老師畫重點

第一、只要有未來一年預估生活費 22 倍的錢，就可以退休了。

第二、退休後應該開心花錢，因為所有的花費都是打 9 折。

【結業式】

安心賺錢，
才能賺到更好的人生

投資理財的結業式，照道理應該是要祝福大家「賺大錢」才對，但我還是想用最老套的祝詞「鵬程萬里」來送給大家。

上完這 24 堂課，應該不會有人認為這樣做就能賺大錢吧？我自己都沒有因此而買下豪宅或超跑，當然就無法把成為有錢人的經驗分享給大家。我在這 24 堂課中，真正要分享的是如何安心多賺一點點錢。

很多人想盡早財務自由，希望在短時間內就能累積巨額財富，這樣當然會伴隨高風險，而高風險的投資就很容易讓人一直生活在焦慮的情緒中。各位讀者無論現在是受雇或創業，工作和事業都該是人生最重要的事，如果汲汲營營於追求高報酬，很可能因為心情焦慮而影響到生活、工作或事業。

特別是上班族，如果要靠固定薪水，就想要累積到日後足夠可以無憂無慮的退休生活，根本是不可能的事。透過投資增加一些收入，成了唯一可行的方法，但絕不能本末倒置，因為投資而影響到工作的表現，這樣最後很可能會落得兩頭空。

這正是我規劃這 24 堂課的主要著眼點，就是希望大家用簡單不焦慮的方法，賺到一些額外的投資財，然後把所有的時間和精力用來努力工作或衝刺事業，讓自己的生活能更安定。

除此之外，也能多花時間經營婚姻關係、關注親子教養、注意身體保健，甚至還有精力去追求你的人生大夢。如果你妄想靠投資迅速翻轉人生，到頭來或許不只錢財沒賺到，還會毀了你應該可以擁有的美好人生。因股票或期貨失利而導致家庭破碎，甚至賠上性命的新聞也屢見不鮮。我認為「安心賺錢」才能比「賺大錢」賺到更好的人生。

很多人認為，只要成為有錢人，就能做任何自己想做的事，也更能追求自己的夢想，但有錢人畢竟是少數，真的不要每天催眠自己「別人能，我為什麼不能？」

「人生」的重要性，當然遠遠高於「財富」，我相信大家都能認同，因為財富是來成就人生的，但財富絕對不該是人生唯一的成就。

最後，我在此祝福大家投資安心，人生無惱，樂活自在，美夢成真。

筆記頁

筆記頁

國家圖書館出版品預行編目 (CIP) 資料

零基礎的佛系理財術：只要一招，安心穩穩
賺 / 施昇輝著 . -- 第一版 . -- 臺北市：遠見天
下文化，2019.02
　面；　公分 . -- (財經企管 ; BCB664)
ISBN 978-986-479-640-3(平裝)

1. 股票投資 2. 理財

563.53　　　　108002050

財經企管 BCB664

零基礎的佛系理財術：

只要一招，安心穩穩賺

作　者 — 施昇輝
總編輯 — 吳佩穎
責任編輯 — 黃安妮、吳毓珍（特約）
封面設計 — javick 工作室
出版者 — 遠見天下文化出版股份有限公司
創辦人 — 高希均、王力行
遠見・天下文化 事業群榮譽董事長 — 高希均
遠見・天下文化 事業群董事長 — 王力行
天下文化社長 — 王力行
天下文化總經理 — 鄧瑋羚
國際事務開發部兼版權中心總監 — 潘欣
法律顧問 — 理律法律事務所陳長文律師
著作權顧問 — 魏啟翔律師
社　址 — 台北市 104 松江路 93 巷 1 號 2 樓
讀者服務專線 —（02）2662-0012
傳　真 —（02）2662-0007；2662-0009
電子信箱 — cwpc@cwgv.com.tw
直接郵撥帳號 — 1326703-6 號　遠見天下文化出版股份有限公司
電腦排版／製版廠 —中原造像股份有限公司
印刷廠 — 中原造像股份有限公司
裝訂廠 — 中原造像股份有限公司
登記證 — 局版台業字第 2517 號
總經銷 — 大和書報圖書股份有限公司 電話／（02）8990-2588
出版日期 —2019 年 2 月 27 日第一版第 1 次印行
2024 年 3 月 19 日第一版第 21 次印行

定價 — NT350 元
ISBN —978-986-479-640-3
書號 — BCB664

天下文化官網 — bookzone.cwgv.com.tw